LE NOUVEAU DELF A2

DIPLÔME D'ÉTUDES EN LANGUE FRANÇAISE

이 홍 · 정일영 지음

신아사

‖ 머리말 ‖

이 책은 프랑스어 인증시험인 DELF와 DALF 중 기초분야라고 할 수 있는 DELF 시험을 준비하는 사람들을 위해 그동안 실시되어 왔던 DELF 시험 중에서, 실제로 출제되었던 문제들을 중심으로 분석하고 예상문제를 풀어봄으로써 DELF 시험을 준비하는 사람들에 작은 도움이라도 주고자 하는 목적으로 만들어졌다.

세계화의 물결이라는 말이 전혀 낯설지 않을 정도로 빠르게 변화하고 있는 요즘 제 2 외국어의 중요성은 더 이상 언급할 필요도 없다. DELF(DIPLÔME D'ÉTUDES EN LANGUE FRANÇAISE)와 DALF(DIPLÔME APPROFONDI DE LANGUE FRANÇAISE)는 프랑스 정부에서 주관하는 프랑스어 능력인증시험이다. 프랑스어에 대한 일반적 능력을 평가하는 시험인 DELF와 한 차원 높은 고급 프랑스어의 능력시험인 DALF는 궁극적으로 학습능력과 교육의 질적 향상을 목적으로 만들어졌고, 1994년 처음 우리나라에서 시행된 이후 꾸준히 응시자 수의 증가를 보이고 있는 추세이다. 사실 이러한 증가추세는 국내에서 프랑스어를 배우고 있는 사람들이 자신의 능력이 어느 정도인지를 파악하려는 자아능력 테스트의 차원에서 시험을 보거나, 아니면 외국어에 대한 능력 인증서의 필요성을 절실히 요구하고 있는 사회적 현상에 발맞추어 자격증 취득을 목적으로 하는 사람들의 필요를 반영하고 있다 할 수 있다.

프랑스어 능력시험인 DELF와 DALF는 점차 대학에서 프랑스어 전공을 그 희망으로 대학진학을 목표로 하고 있는 고등학생, 제 2 외국어에 대한 능력을 절실히 요구하는 사회적 현실에 따른 취업을 목적으로 하고 있는 대학생들이나 프랑스로의 유학을 목표로 하는 학생들, 그리고 프랑스어 학습능력과 습득능력을 체계화하고 발전시키기 위해 연구하는 선생님들과 같이 목적과 동기가 다양한 프랑스어에 관심을 가지는 사람들의 필요에 의해 이를 뒷받침해 줄 수 있는 프랑스 정부가 인정하는 자격시험이다.

DELF 응시자들에게 미약하게나마 작은 도움이라도 주고자 하는 목적으로 나름대로 최선을 다해서 쓴다고 썼지만, 아직 부족한 것이 많다는 것을 새삼 느꼈다. 하지만 첫술에 배부를 수 없다는 마음가짐으로 앞으로도 더욱 노력할 것을 스스로에게 다짐한다.

2006년 3월

저 자

목 차

PREMIÈRE PARTIE 13

CD 차례표

트랙1	16p	트랙6	38p	트랙11	62p	트랙16	91p
트랙2	19p	트랙7	42p	트랙12	68p	트랙17	101p
트랙3	23p	트랙8	49p	트랙13	73p	트랙18	106p
트랙4	29p	트랙9	52p	트랙14	79p	트랙19	113p
트랙5	32p	트랙10	59p	트랙15	85p	트랙20	120p

2005년 후반기부터 실시되는 DELF 와 DALF의 단계별 유형 분석

1. DELF 의 단계별 유형 분석

1) A1

<table>
<tr><th colspan="2">문제유형</th><th>소요시간</th></tr>
<tr><td>듣기 1</td><td>일상생활에서 흔히 발생하는 상황을 녹음한 세 개 내지 네 개의 아주 짧은 내용과 관련하여 이를 듣고 내용을 이해하는지를 묻는 문제</td><td>20분</td></tr>
<tr><td>독해 1</td><td>일상생활에 밀접하게 관련된 상황들을 적은 네 개 내지 다섯 개의 내용들과 관련하여 이를 이해하는 지를 묻는 문제</td><td>30분</td></tr>
<tr><td rowspan="2">쓰기 1</td><td>쪽지나 카드, 또는 형식을 갖춘 신청용지를 완성하는 문제</td><td rowspan="2">30분</td></tr>
<tr><td>일상생활에 관련된 주제에 대해 간단한 문장 (우편엽서, 메시지, 삽화의 설명문)을 작성하는 문제</td></tr>
<tr><td rowspan="3">말하기 1</td><td>시험담당관의 주도 하에 묻고 답하는 형식의 대화</td><td rowspan="3">5-7분</td></tr>
<tr><td>정보의 교환</td></tr>
<tr><td>가상으로 상황을 정해놓고 하는 시뮬레이션 대화</td></tr>
</table>

2) A2

<table>
<tr><th colspan="2">문제유형</th><th>소요시간</th></tr>
<tr><td>듣기 1</td><td>일상생활에서 흔히 발생하는 상황을 녹음한 세 개 내지 네 개의 아주 짧은 내용과 관련하여 이를 듣고 내용을 이해하는지를 묻는 문제</td><td>25분</td></tr>
<tr><td>독해 1</td><td>일상생활에 밀접하게 관련된 상황들을 적은 세 개 내지 네 개의 내용들의 텍스트와 관련하여 이를 이해하는지를 묻는 문제</td><td>30분</td></tr>
<tr><td rowspan="3">쓰기 1</td><td>친구에게 쓰는 편지 또는 메시지와 같은 간략한 글을 작성하는 문제로서 다음 두 가지의 내용으로 구성됨</td><td rowspan="3">45분</td></tr>
<tr><td>어떤 사건이나 개인적인 경험을 기술함</td></tr>
<tr><td>초대, 감사, 사과, 요구, 정보, 축하를 위한 글 작성</td></tr>
<tr><td rowspan="3">말하기 1</td><td>시험담당관의 주도 하에 묻고 답하는 형식의 대화</td><td rowspan="3">6-8분</td></tr>
<tr><td>시험 응시자 혼자 독백하기</td></tr>
<tr><td>대화 능력을 알아보기 위한 테스트</td></tr>
</table>

3) B1

문제유형		소요시간
듣기 1	녹음된 세 개의 자료들을 듣고 이를 근거로 듣고 내용을 이해하는지를 묻는 문제	25분
독해 1	주어진 자료와 관련하여 유용한 정보를 찾아낼 수 있는지의 문제를 제시함으로써 자료를 이해하고 있는가를 묻는 문제	35분
	일반적인 관심에 관한 자료의 내용을 분석하는 문제	
쓰기 1	일반적인 주제에 대한 주관적인 입장을 표명하는 문제 (수필, 편지, 기사 등)	45분
말하기 1	시험담당관의 주도 하에 묻고 답하는 형식의 대화	15분
	대화 능력을 알아보기 위한 테스트	
	제시된 자료로부터 그 내용에 관한 응시자의 관점을 표명하는 문제	

4) B2

문제유형		소요시간
듣기 1	녹음된 두 개의 자료들을 듣고 이를 근거로 듣고 내용을 이해하는지를 묻는 문제 - 인터뷰, 정보에 관한 보고서 - 발표문, 회의기록, 연설원고, 문서, 라디오 또는 TV방송	약30분
독해 1	글로 쓰인 두 개의 문서의 내용을 이해하는 지에 대해 묻는 문제 - 프랑스 또는 프랑스어권 나라들과 관련된 정보가 실린 글 - 논지에 관계된 글	1시간
쓰기 1	토론, 공식편지, 비평 등의 글과 같이 개인적적인 입장에서 논지를 펼치는 문제	1시간
말하기 1	간략한 문서로부터 의견을 표명하거나 의견을 수호하는 방식	20분

2. DALF의 단계별 유형 분석

1) C1

	문제유형	소요시간
듣기 1	녹음된 문서들을 듣고 그 내용을 이해하는지 묻는 문제 - 수업, 강연회 등과 같이 대략 8분 정도 시간이 소요되는 긴 문서(두번듣기) - 정보, 여론조사, 광고성의 라오디에서 방송되는 간략하면서도 다양한 내용들	약40분
독해 1	문학적인 글 또는 신문의 논고와 같은 글을 보고 그 내용을 이해하는 지 묻는 문제	50분
쓰기 1	두 부분으로 나뉜다. - 대략 전체 1000단어 정도로 구성된 여러 개의 글에 대한 종합분석 - 글의 내용에서부터 논거를 세우는 습작	2시간30분
말하기 1	여러 개의 글로부터 발표문을 작성하고 그 내용에 관해 감독관과 함께 토의를 하는 문제로서 후보자는 문학, 인문과학, 과학 중 두 영역을 선택함	30분

2) C2

	문제유형	소요시간
듣기와 말하기	- 녹음된 글의 내용을 이해하는지를 묻는 문제(두번듣기) - 글에서 제시된 문제점에 대해 개인적인 소견 말하기 - 감독관과의 토론 문학, 인문과학, 과학 중 후보자가 두 개를 선택함	약 30분
독해와 글쓰기	-기사, 논고, 보고서, 연설문 등 대략 2000 단어로 구성된 글을 보고 체계적인 구정을 갖춘 글쓰기 문학, 인문과학, 과학 중 후보자가 두 개를 선택함	3시간 30분

DIPLÔME D'ÉTUDES EN LANGUE FRANÇAISE
DELF A2

시험의 성격	시간	점수
듣기평가 일상 생활에서 흔히 일어날 수 있는 상황을 중심으로 녹음된 셋 또는네 개의 짤막한 내용을 듣고 이를 얼마나 정확히 이해하고 있는지를 묻는 문제에 대한 답변으로 구성	대략 25분	/ 25
쓰기평가 일상생활에서 일어날 수 있는 상황에 중심을 둔 글로 쓰여진 셋 또는네 개의 간략한 자료를 중심으로 내용에 대한 이해력을 묻는 문제에 대한 답변으로 구성	30분	/ 25
작문평가 2개의 간략하게 쓰여진 자료물 (친구에게 보내는 편지 또는 메시지 등) 에 대한 요약 a) 사건 또는 개인적으로 겪었던 경험에 대해 기술 b) 초대, 감사, 사과, 부탁, 정보의 요구, 축하 등을 목적으로 하는 글 작성	45분	/ 25
구술시험 세 부분으로 구성 a) 응시자가 시험관 앞에서 자신이나 가족 또는 취미, 일상 생활 같은 내용을 말하고 시험관은 이에 대한 몇 가지 질문을 하는 형식으로 진행 b) 시험관이 선택한 몇 가지 주제들에 대해 이야기하는 것 - 일상생활, 휴가 또는 방학 - 추억, 살고 있는 도시 - 좋아하는 사람에 대해 c) 응시자가 주제를 골라 시험관과 함께 실제로 벌어지는 상황을 재현하는 형태로 진행	6-8 분	/ 25

자격증을 취득하기 위한 점수 : 50/100
각 단계마다 5/25 점 이상을 받아야 함
총 시험 시간 : 1시간 40분

PREMIÈRE PARTIE

듣기평가(Compréhension orale)

- ARS 정보의 내용에 대한 이해도 평가
- 라디오 정보 또는 자동 응답기에 남겨져 있는 메시지 내용에 대한 이해도 평가

PREMIÈRE PARTIE : Exercice 1 유형의 주요 구성 분석

정보를 얻기 위해서 또는 공연이나 여행 등을 위한 예약을 위해 전화를 하였을 때 최근 많이 사용되고 있는 ARS(자동 음성 서비스)로 연결되는 상황을 중심으로 A1에서는 하나의 지문을 중심으로 그 내용의 정확성을 파악하는 몇 가지의 질문과 답변으로 이루어진 반면, A2에서는 처음 전화를 하였을 때 들을 수 있는 자동 음성 서비스를 통해 어떤 주제에 관한 내용인지 전체적인 내용 파악과 아울러, 자신이 얻고자 하는 정확한 정보를 선택한 후 그에 대한 내용을 묻는 두 가지 사항을 하나로 묶는 유형의 문제들이 출제되는 경향이 높다.

Première Partie

COMPRÉHENSION ORALE

Vous allez entendre 3 enregistrements, correspondant à 3 documents différents. Pour chaque document, vous aurez :

- 30 secondes pour lire les questions ;
- une première écoute, puis 30 secondes de pause pour commencer à répondre aux questions :
- une deuxième écoute, puis 30 secondes de pause pour compléter vos réponses.

Répondez aux questions en cochant ☒ la bonne réponse, ou en écrivant l'information demandée.

■ Exercice 1.

Première partie de l'enregistrement :

1. Vous téléphonez à <UGC> et vous entendez le message suivant sur le répondeur. Sur quelle touche appuyez-vous pour connaître les programmations des films?

Deuxième partie de l'enregistrement :

2. <Emmenez-moi> est un film ______
   - ☐ comique
   - ☐ tragique
   - ☐ fantastique
3. Le billet le moins cher coûte ______
   - ☐ cinq euros
   - ☐ six euros
   - ☐ sept euros

전체 해석

Vous allez entendre 3 enregistrements, correspondant à 3 documents différents. Pour chaque document, vous aurez :
[당신은 각기 다른 3개의 자료에 해당하는 3개의 녹음을 듣게 될 것입니다. 각 내용에 대해]

- 30 secondes pour lire les questions
  [문제을 읽는데 30초]
- une première écoute, puis 30 secondes de pause pour commencer à répondre aux questions :
  [첫번째 듣기를 한 후 질문에 답변하기 위해 30초의 시간을 갖게 되고]
- une deuxième écoute, puis 30 secondes de pause pour compléter vos réponses.
  [두번째 듣기 후, 답변을 완성하기 위해 30초의 시간을 갖게 될 것입니다]

Répondez aux questions en cochant ☒ la bonne réponse, ou en écrivant l'information demandée.
[올바른 답변에 ☒를 하거나 요구되어지는 내용을 쓰면서 질문에 답하시오]

Document 1.
Comprendre des annonces et instructions orales
[안내 방송과 설명 이해하기]

Première partie de l'enregistrement [녹음의 첫 번째 부분]

1. Vous téléphonez à <UGC> et vous entendez le message suivant sur le répondeur. Sur quelle touche appuyez-vous pour obtenir des informations sur les programmations des films?
[당신은 <UGC> 에 전화를 하고 응답기에서 나오는 메시지를 듣게 된다. 영화들의 프로그램에 대한 정보를 얻기 위해 몇 번을 눌러야 하는가?]

18 Exercice 1

Deuxième partie de l'enregistrement [녹음의 두 번째 부분]

2. <Emmenez-moi> est un film ______ [나를 데려가주세요]는 _____한 영화이다]
   - ☐ comique [코메디]
   - ☐ tragique [비극]
   - ☐ fantastique [환타지]

3. Le billet le moins cher coûte _______[가장 값이 싼 표는 _____이다]
   - ☐ cinq euros [5유로]
   - ☐ six euros [6유로]
   - ☐ sept euros [7유로]

내용 A

Vous êtes bien sur le serveur vocal de la salle de spectacle <UGC> Danton. Si vous souhaitez connaître notre programmation des films pour les deux prochains mois, tapez 1. Si vous voulez faire une réservation, tapez deux. Pour réentendre cet enregistrement, tapez trois. 극장 <UGC> Danton 의 음성 서비스입니다. 앞으로 두 달 동안에 상영될 영화들의 상영 프로편성을 알고 싶으시면, 1번을 누르세요. 만일 예약을 원하시면 2번을 누르세요. 다시 듣기를 원하시면 3번을 누르세요.

1) vocal(e)

[음성의]	musique vocale [성악] cordes vocale [성대]

• 형용사의 복수형

-al → aux	amical [우정의] - amicaux local [지역의] - locaux

2) une salle

[방]	salle à manger [식당]	salle de bain [욕실]
	salle de classe [교실]	salle d'attente [대기실]

3) si

[조건 : -라면]	S'il pleut, je resterai à la maison. [비가 오면 집에 있을래]
[부사 : 그처럼]	Ne parle pas si fort. [그렇게 크게 말하지 마라]

4) souhaiter [바라다, 기원하다]

[+명사]	Je vous souhaite une bonne chance [행운을 빕니다]
[+동사원형]	Je souhaite pouvoir vous rendre service.[당신께 도움이 되고 싶어요]

5) connaître [알다, 체험하다]

je	connais	nous	connaissons
tu	connais	vous	connaissez
il, elle	connaît	ils, elles	connaissent
[사람]	Je ne connais pas cet acteur. [나는 이 배우를 알지 못해]		
[사물]	Vous connaissez la France? [프랑스를 아세요?]		

6) 1인칭 복수 소유 형용사

남성단수	여성단수	남, 여 복수
notre		nos

7) la programmation [영화, 라디오, TV의 프로 편성, 영화관의 상영프로]

8) un film

[영화]	film noir [범죄영화] tourner un film [영화를 촬영하다]

9) prochaine

[가까운]	la prochaine station [가까이 있는 정류장]
[다음의]	la semaine prochaine [다음 주] à la prochaine fois [다음번에]

10) mois [月]

janvier	février	mars	avril	mai	juin
juillet	août	septembre	octobre	novembre	décembre

* 단수와 복수의 형태가 동일한 명사들

-s	le bois [숲]	un fils [아들]
-x	la voix [목소리]	la paix [평화]
-z	le nez [코]	le riz [쌀]

11) taper [두드리다, 때리다 = frapper]

12) faire

<table>
<tr><td>je</td><td>fais</td><td>nous</td><td>faisons</td></tr>
<tr><td>tu</td><td>fais</td><td>vous</td><td>faites</td></tr>
<tr><td>il, elle</td><td>fait</td><td>ils, elles</td><td>font</td></tr>
<tr><td>[-하다]</td><td colspan="3">Qu'est-ce que tu fais ici ? [너 여기서 뭐하니 ?]</td></tr>
<tr><td>[-하게 하다]</td><td colspan="3">Il a fait son fils médecin. [그는 아들을 의사로 만들었다]</td></tr>
<tr><td rowspan="2">[+수량]</td><td>[가격]</td><td colspan="2">Ça fait 5 euros. [5유로입니다]</td></tr>
<tr><td>[기간]</td><td colspan="2">Ça fait 3 ans que je n'ai pas vu Marie.</td></tr>
</table>

풀이 및 해석 A

Première partie de l'enregistrement :

1. Vous téléphonez à <UGC> et vous entendez le message suivant sur le répondeur. Sur quelle touche appuyez-vous pour connaître les programmation des films ? 1

1) un enregistrement [v : enregistrer : 녹음하다]

[녹음]	studio d'enregistrement [녹음실]

2) téléphoner

téléphoner à	[-에게 전화하다]	Il téléphone souvent à ses parents.
le téléphone	[전화]	appeler quelqu'un au téléphone [-를 전화로 불러내다]

3) entendre

[들리다]	Je vous entends mal. [당신 말이 잘 들리지 않습니다]
[+ 동사원형]	J'entends frapper à la porte. [문을 두드리는 소리가 들린다]

entendre [자신의 의지와는 상관없이 들리는 것	J'entends un bruit [소리가 들린다]
écouter [자신의 의지로 듣는 것]	J'écoute la radio tous les jours. [매일 나는 라디오를 듣는다]

4) suivant(e)

[다음의]	personne suivante [다음 사람] page suivante [다음 페이지]

5) un répondeur [자동 응답기]

6) appuyer sur

[-을 누르다]	appuyer sur le bouton [버튼을 누르다]

내용 B

<Emmenez-moi>de Edmond Bensimon [comédie]
Séances à 10h30, 12h25, 14h25, 16h25, 18h25, 20h25, 22h25.
Les tarifs sont de 8 et 9 euros. Tarif unique de 5 euros le matin.
Toute l'actualité du cinéma chaque semaine dans votre boîte aux lettres!
Votre e-mail :

에드몽 벤씨몽의 <나를 데려가 주세요> [코메디]
상영시간은 10시 반, 12시 25분, 414시 25분, 16시; 25분, 18시 25분, 20시 25분, 22시 25분입니다. 요금은 8유로와 9유로입니다. 단일요금은 조조 영화로 5유로입니다. 각 주 영화의 모든 내용은 당신의 메일함으로!
당신의 e-mail 주소 :

1) la séance

[상영 (시간)]	À quelle heure est la prochaine séance?[다음 상영은 몇시니?]

2) le tarif

[가격표, 요금표]	billet à plein (à demi) tarif [보통권, 반액권]
	à tarif réduit [할인권] tarif horaire [시간 요금제]

3) unique

[유일한, 하나의]	C'est mon fils unique. [내 외아들이야] sens unique [일방통행]
[독자적인]	être unique dans son genre. [이 분야에서는 독보적이다]

4) matin

[아침]	demain matin [내일 아침] ce matin [오늘 아침]
[오전]	8 heures du matin [오전 8시]

5) tout [형용사]

남성단수	여성단수	남성복수	여성복수
tout	toute	tous	toutes
tout le temps[줄곧]	toute la nuit [밤새]	tous les jours	toutes les filles

6) l'actualité

[현실, 실제, 시사성]	problème d'actualité [시사 문제]

7) le cinéma

[극장]	Je vais au cinéma. [나는 극장에 간다]

8) chaque

[-마다, 매]	chaque année [매년]	Chaque homme a ses défauts. [사람마다 결점이 있다]

9) 2인칭 복수 형용사

남성단수	여성단수	남, 여성 복수
votre		vos

풀이 및 해석 B

Deuxième partie de l'enregistrement :

2. <Emmenez-moi> est un film ________
   - ☒ comique
   - ☐ tragique
   - ☐ fantastique

3. Le billet le moins cher coûte ________
   - ☒ cinq euros
   - ☐ six euros
   - ☐ sept euros

1) emmener <> amener

[-로 데리고 가다]	emmener quelqu'un à l'école [-를 학교로 데리고 가다]

2) 강세인칭대명사

주어		강세		주어		강세	
je		moi		nous			
tu		toi		vous			
il	elle	lui	elle	ils	elles	eux	elles

3) 명령법

2. 단	-s	Finis ce travail ! [이 일을 끝내 !]
2. 단	-e [-er 로 끝나는 1군 동사]	Mange cette pomme ! [이 사과 먹어
2. 복	-ez	Achetez ce livre ! [이 책을 사세요!]
1. 복	-ons	Travaillons ensemble ! [함께 일하자]

4) comique

[희극의]	acteur comique [희극배우] film comique [희극 영화]

5) tragique

[비극의]	accident tragique [비극적인 사건] pièce tragique [비극작품]

6) fantastique

[환상의, 공상의]	film fantastique [공상 영화]

7) un billet

[표, 티켓]	acheter un billet [표를 사다] le billet d'entrée [입장권]
[수표, 어음, 지폐]	un billet de 50 euros. [50 유로짜리 지폐]

8) 최상급

우등 최상급	le, la	plus	+ 형용사 + de + 복수명사
열등 최상급		moins	

9) cher

[친애하는]	Cher Monsieur [친애하는 선생님 : 편지 서두]
[비싼]	Ça coûte cher. [이것은 값이 비싸다]
형용사의 여성형 -er → -ère	léger [가벼운] - légère

Première Partie

COMPRÉHENSION ORALE

Vous allez entendre 3 enregistrements, correspondant à 3 documents différents. Pour chaque document, vous aurez :

- 30 secondes pour lire les questions ;
- une première écoute, puis 30 secondes de pause pour commencer à répondre aux questions ;
- une deuxième écoute, puis 30 secondes de pause pour compléter vos réponses.

Répondez aux questions en cochant ☒ la bonne réponse, ou en écrivant l'information demandée.

■ Exercice 1.

Première partie de l'enregistrement :

1. Vous téléphonez et vous entendez le message suivant sur le répondeur. De quoi s'agit-il?

Deuxième partie de l'enregistrement :

2. Quelle est le premier prix ?

☐ un téléphone portable

☐ une maison

☐ une voiture

3. Pour retirer son prix, le gagnant doit présenter son billet et ________ :

☐ sa photo

☐ sa carte d'identité

☐ son permis de conduire

전체 해석

Première partie de l'enregistrement [녹음의 첫 번째 부분]

1. Vous téléphonez et vous entendez le message suivant sur le répondeur. De quoi s'agit-il?
   [당신이 전화를 걸고 응답기에서 다음의 메시지를 듣게 된다. 무엇에 관한 것인가?]

Deuxième partie de l'enregistrement [녹음의 두 번째 부분]

2. Quelle est le premier prix? [1등 상품은 무엇인가?]
   - ☐ un téléphone portable [휴대폰]
   - ☐ une maison [집]
   - ☐ une voiture [자동차]
3. Pour retirer son prix, le gagnant doit présenter son billet et ________ :
   [상품을 타기 위해서 당첨자는 표와 ____을 지참해야 한다]
   - ☐ sa photo [자기 사진]
   - ☐ sa carte d'identité [신분증]
   - ☐ son permis de conduire [운전면허증]

내용 A

Gagnez jusqu'à un million d'euros ainsi que de nombreux cadeaux incroyables à la loterie! Choisissez vos numéros!
[복권에서 믿을 수 없는 엄청난 많은 선물과 더불어 백만 유로를 타세요! 당신의 번호를 선택하십시오!]

1) gagner

[돈, 시간을 벌다]	gagner de l'argent [돈을 벌다] gagner du temps [시간을 벌다]
[상을 획득하다]	gagner le grand prix [대상을 타다]
[승리하다, 이기다]	gagner le match [시합을 이기다]

2) jusque [-까지]

[장소, 수]	aller jusqu'à Paris [파리까지 가다] compter jusqu'à 3 [3까지 세다]
[시간]	jusqu'à minuit [자정까지] jusqu'à présent [현재까지]

3) un million [백만]

백	천	만	십만	백만	천만
cent	mille	dix mille	cent mille	un million	dix millions

4) ainsi

[이렇게, 그처럼]	Tu as raison d'agir ainsi. [네가 그렇게 행동하는 것은 옳아]
ainsi que	Je t'invite ainsi que tes amis. [네 친구들과 더불어 너를 초대해]

5) nombreux(se)

[수많은]	famille nombreuse [대가족]	Les touristes sont nombreux à Paris en été. [관광객들이 여름에 파리에 많다]
형용사의 여성형: x → -se : ambitieux [야망의] - ambitieuse		

6) un cadeau

[선물]	offrir (recevoir) un cadeau [선물을 주다 (받다)] Je voudrais te faire un cadeau pour ton anniversaire. 너에게 생일 선물을 해주고 싶어]
명사의 복수	-(e)au → -(e)aux : un gâteau [케익] - des gâteaux un oiseau [새] - des oiseaux

7) incroyable

[믿어지지 않는]	histoire incroyable [믿어지지 않는 이야기]

• 형용사의 남성형이 -e로 끝나는 경우 여성형에서 불변.

fidèle [충실한]	facile [쉬운]	difficile [어려운]	jeune [젊은]
jaune [노란 색의]	rouge [붉은 색의]	sympathique [상냥한, 친절한]	

8) choisir

je	choisis	nous	choisissons
tu	choisis	vous	choisissez
il, elle	choisit	ils, elles	choisissent
[선택하다]	Quelle cravate choisissez-vous? [어떤 넥타이를 선택할래요?]		

9) un numéro

[번호]	numéro de téléphone[전화번호] numéro gaganant de la loterie
[간행물의 호]	dernier numéro [최신호] numéro spécial [특별호]

풀이 및 해석 A

Première partie de l'enregistrement :

1. Vous téléphonez et vous entendez le message suivant sur le répondeur. De quoi s'agit-il? Il s'agit d'une loterie.

1) 의문문

(의문사) + 동사 + 주어?	Que faites-vous?
(의문사) + est-ce que + 주어 + 동사?	Qu'est-ce que vous faites?
주어 + 동사 + (의문사)?	Vous faites quoi?
que 의 경우 문장 끝으로 가면 quoi 가 된다는 점에 유의	

2) quoi

의문사 que 가 quoi 로 바뀌는 경우	
문장 맨 뒤	Que fais-tu? = Tu fais quoi? [너 뭐하니?]
전치사와 결합	De quoi parlez-vous? [무엇에 대해 말하고 있어요?]

3) Il s'agit de: 비인칭 구문 [-에 관해서이다]

내용 B

Le billet numéro 12 40 78 23 gagne le premier prix de notre loterie : une superbe voiture! Le gagnant doit se présenter avec son billet et sa carte d'identité à notre magasin qui se trouve 14 rue Henri Barbusse à Joinville le pont.
[번호표 12 40 78 23 가 우리 복권의 일등 상품 번호입니다 : 최고의 자동차 입니다. 당첨되신 분은 Joinville le pont Henri Barbusse 14번지에 있는 우리 상점으로 복권과 신분증을 가지고 오셔야 합니다]

1) 첫 번째와 두 번째

첫번째	premier(ère)	두 번째	second(e), deuxième

2) un prix

[가격]	un prix réduit [할인가] un prix d'ami [특가] augmenter le prix [가격을 올리다]
[상금, 상품]	remporter le prix [상을 타다] le grand prix [대상]

3) gagnant

[형용사 : 당첨의, 승리의]	numéro gagnant [당첨번호]
[명사 : 당첨자]	

4) superbe

[아름다운, 훌륭한]	femme superbe [절세 미인] Il fait un temps superbe. [날씨가 기가 막히게 좋다]

5) devoir

je	dois	nous	devons
tu	dois	vous	devez
il, elle	doit	ils, elles	doivent
[+동사원형]	Je dois terminer ce travail ce soir. [이 일을 저녁에 끝내야 해]		
	Qu'est-ce que je dois faire? [어떻게 해야 하지?]		
[-qch à qn]	Je vous dois combien? [얼마를 드려야 합니까?]		
	Je lui dois mon succès. [나의 성공은 그의 덕이다]		

6) se présenter

[자기를 소개하다]	Permettez-moi de me présenter. [제 소개를 할께요]
[나타나다]	se présenter devant la justice [법정에 출두하다]

7) avec

[-와 함께]	Venez avec moi. [나와 함께 갑시다]
[양태]	avec plaisir [기꺼이] avec prudence [신중하게]
[비교]	comparer A avec B [A를 B와 비교하다]

8) 3인칭 단수의 소유형용사

남성단수	모음, 묵음 h 의 여성 단수	여성단수	남, 여 복수
son ami	son école	sa femme	ses enfants

9) une carte

[엽서,카드]	carte de visite [명함] carte postale [우편엽서]
[지도]	carte touristique [관광지도]
[증명서]	carte d'étudiant [학생증] carte d'abonnement [정기 승차권]

10) l'identité

[신원, 신분]	carte d'identité[신분증] plaque d'identité [자동차 등록 번호판]

11) un magasin

[상점]	employés de magasin [점원] grand magasin [백화점]

12) se trouver

[-에 있다]	Où se trouve la sortie du métro? [지하철 출구가 어디니?]

풀이 및 해석 B

Deuxième partie de l'enregistrement :

2. Quelle est le premier prix?
   - ☐ un téléphone portable
   - ☐ une maison
   - ☒ une voiture

3. Pour retirer son prix, le gagnant doit présenter son billet et ________ :
   - ☐ sa photo
   - ☒ sa carte d'identité
   - ☐ son permis de conduire

1) quel [의문 형용사]

남성단수	여성단수	남성복수	여성복수
quel	quelle	quels	quelles

<table>
<tr><td rowspan="2">[être 동사 앞]</td><td>[성질, 종류]</td><td>Quel est votre nom? [당신 이름은 무엇입니까?]</td></tr>
<tr><td>[수량]</td><td>Quel est le jour du départ? [출발은 어느 날이니?]</td></tr>
<tr><td rowspan="3">[명사 앞]</td><td>[성질, 종류]</td><td>Quel sport aimes-tu? [어떤 운동을 좋아하니?]</td></tr>
<tr><td rowspan="2">[수량]</td><td>Quelle heure est-il? [몇시니?]</td></tr>
<tr><td>Quel jour sommes-nous? [오늘이 며칠이죠?]</td></tr>
</table>

2) 단수와 복수의 형태가 같은 명사들

-s	avis [의견] cours [수업] fils [아들] mois [月] palais [궁전]
-x	prix [가격] paix [평화]
-z	nez [코] riz [쌀] gaz [가스]

3) un téléphone

[전화]	téléphone public [공중전화] donner un coup de téléphone à quelqu'un

4) pour

[행선지 : -로]	train pour Paris [파리행 기차]
[예정]	Le concert est pour quand? [연주회가 언제 예정이니?]
[기회 : -맞이하여]	Il m'a offert un cadeau pour Noël. [그는 크리스마스에 선물을 주었다]

5) retirer

[꺼내다]	retirer de l'argent à la banque [은행에서 돈을 찾다]

Première Partie
COMPRÉHENSION ORALE

Vous allez entendre 4 enregistrements, correspondant à 4 documents différents. Pour chaque document, vous aurez :

- 30 secondes pour lire les questions ;
- une première écoute, puis 30 secondes de pause pour commencer à répondre aux questions ;
- une deuxième écoute, puis 30 secondes de pause pour compléter vos réponses.

Répondez aux questions en cochant ☒ la bonne réponse, ou en écrivant l'information demandée.

■ Exerice 1.

Première partie de l'enregistrement :

1. Vous voulez acheter un billet de train et vous téléphonez à la SNCF. Vous entendez le message suivant sur le répondeur. À quel numéro devez-vous téléphoner pour avoir plus d'informations?

Deuxième partie de l'enregistrement :

2. Vous pouvez acheter votre billet au guichet par chèque à partir de _____
   - ☐ treize euros
   - ☐ quatorze euros
   - ☐ quinze euros
3. Vous ne pouvez pas payer aux distributeurs _____
   - ☐ en espèces
   - ☐ par carte bancaire
   - ☐ par chèque

전체 해석

Première partie de l'enregistrement [녹음의 첫 번째 부분]

1. Vous voulez acheter un billet de train et vous téléphonez à la SNCF. Vous entendez le message suivant sur le répondeur. À quel numéro devez-vous téléphoner pour avoir plus d'informations?
[당신은 기차표를 사길 원하여 SNCF에 전화를 한다. 당신은 응답기에서 메시지를 듣게 된다. 더 많은 정보를 얻기 위해 몇 번으로 전화를 해야 하는가?]

Deuxième partie de l'enregistrement [녹음의 두 번째 부분]

2. Vous pouvez acheter votre billet au guichet par chèque à partir de _____.
[당신은 ____부터 수표로 창구에서 당신의 표를 살 수 있다]
   - ☐ treize euros [13유로]
   - ☐ quatorze euros [14유로]
   - ☐ quinze euros [15유로]

3. Vous ne pouvez pas payer aux distributeurs automatiques _____.
[당신은 자동판매기에서 ____ 지불할 수 없다]
   - ☐ en espèces [현금으로]
   - ☐ par carte bancaire [은행카드로]
   - ☐ par chèque [수표로]

내용 A

SNCF <프랑스 국유 철도>

Réservez ou achetez
vos billets de train et tous vos voyages en France comme dans le reste du monde sur notre agence de voyage en ligne. Pour en savoir plus, appelez le 01 89 36 20 20 tous les jours de 7 à 22 h.
[전화 연결이 가능한 우리 여행사에서 전 세계에서처럼 프랑스에서 당신의 모든 여행과 당신의 기차표를 예약하거나 구매하세요. 더 상세히 알고 싶으시면, 매일 7시에서 22시까지 01 89 36 20 20으로 정보를 문의하세요.]

1) SNCF [Société nationale des chemins de fer français : 프랑스 국유 철도]

2) réserver

[남겨두다]	Je t'ai réservé une part de gâteau. [내가 너를 위해 케익 일부분을 남겨놓았어]
[예약하다]	réserver une place dans l'avion [비행기 좌석을 예약하다]

3) acheter [-er 로 끝나는 1군 동사의 불규칙 변화]

j'achète	tu achètes	il, elle achète
nous achetons	vous achetez	ils, elles achètent
[-을 사다]	acheter un livre dans une librairie [서점에서 책을 사다]	

• 명령문

2인칭 단수	-s	Prends un taxi! [택시를 타!]
	1군 동사 : -e	Achète cette voiture! [이 차를 사!]
2인칭 복수	-ez	Partez tout de suite! [즉시 떠나세요!]
1인칭 복수	-ons	Allons au cinéma! [극장에 가자!]

4) 2인칭 복수의 소유형용사

남성단수	여성단수	남, 여 복수
votre ami	votre maison	vos chiens

5) tout

[형용사]	tout le pays [나라 전체] toute la journée [하루 종일]
[대명사]	Il a tout perdu. [그는 모든 것을 잃었다]
[부사]	Il est tout content. [그는 아주 만족해 한다]
	자음, 유음 h 의 여성 형용사 앞 : toute(s) Elle est toute étonnée.

6) un voyage

[여행]	voyage en chemin de fer (avion, à pied) [기차 (비행기, 도보) 여행]

7) en + 국가를 나타내는 명사

en + 여성국가 명사	en Chine [중국]	en Corée [한국]
à + 남성국가 명사	au Canada [캐나다]	au Japon [일본]

8) comme

[비교 : -처럼]	Il travaille bien comme toi. [그는 너처럼 일을 잘해]
[원인 : -때문에]	Comme tu es gentil, je te donne ce cadeau. [네가 착하니까 내가 이 선물을 줄께]
[자격 : -로서]	Je l'ai choisie comme secrétaire. [나는 그를 비서로 선택했다]

9) dans

[장소 : -안에]	habiter dans le centre ville [시내에 살다]
[시간 : -내에]	dans la semaine [주내로]
[상태]	être dans une situation difficile [어려운 상태에 있다]

10) le reste

[나머지]	Quand peux-tu me rendre le reste de l'argent? [나머지 돈을 언제 내게 돌려줄래?]
[그 밖의 것]	Je vous laisse deviner le reste. [나머지는 상상에 맡길께요]

11) du : 전치사 + 정관사

남성명사	모음, 묵음 h 의 남, 여 단수명사	남, 여 복수
du	de l'	des

12) le monde

[세계]	faire le tour du monde [세계일주] partout dans le monde [세계도처]
[세상]	Le monde est petit. [세상은 좁다]
[사람들]	Il y a beaucoup de monde dans le restaurant. [식당에 사람이 많다]

13) une agence

[대리점, 지점]	agence de voyage [여행사] agence immobilière [부동산]

14) une ligne

[선]	ligne droite (courbe) [직선, 곡선] la ligne de départ [출발선]
[전화선]	La ligne est occupée. [통화중입니다]

15) savoir [알다]

je	sais	nous	savons
tu	sais	vous	savez
il, elle	sait	ils, elles	savent
[+ 명사]	Je sais tout ce qui s'est passé hier. [어제 무슨 일이 있었는지 나는 다 알고 있어]		
[+ 동사원형]	Tu sais parler français? [프랑스어를 할 줄 아니?]		
[+ que + 절]	Je sais qu'il viendra. [나는 그가 올 것을 알고 있어]		

16) plus

[더 많이 : plus de + 무관사명사]	Vous voulez un peu plus de café? [커피좀 더 드시겠어요?]
[우등 비교급 : plus A que B]	Il est plus âgé que moi. [나보다 나이가 많다]

17) conseiller

conseiller quelque chose à quelqu'un [-에게 -를 충고하다]	Je te conseille la patience. [네게 인내심을 가지라고 충고하겠어]
conseiller à quelqu'un de + 동사원형	J'ai conseillé à Jean de partir. [나는 장에게 떠나라고 충고했다]

풀이 및 해석 A

Première partie de l'enregistrement :

1. Vous voulez acheter un billet de train et vous téléphonez à la SNCF. Vous entendez le message suivant sur le répondeur. À quel numéro devez-vous téléphoner pour avoir plus d'informations ? 01 89 36 20 20

1) vouloir [원하다]

je	veux	nous	voulons
tu	veux	vous	voulez
il, elle	veut	ils, elles	veulent
[+ 명사]	Je veux un ordinateur. [나는 컴퓨터를 원한다]		
[+ 동사원형]	Tu veux goûter ce gâteau? [이 케익을 맛보고 싶니?]		

2) le billet

[표, 티켓]	billet à demi-tarif [반액 할인권] billet d'aller [편도권]
[지폐]	billet de banque [은행권]

3) le train

[기차]	monter (descendre du) dans le train [기차에 올라타다 (내리다)]
	manquer son train [기차를 놓치다] train express [급행열차]

4) téléphoner à [-에게 전화하다]

[간접타동사 (à)]	
écrire à [-에게 편지를 쓰다]	plaire à [-의 마음에 들다]
obéir à [-에게 복종하다]	dire merci à [-에게 감사하다]
parler à [-에게 말하다]	répondre à [-에 대답하다]
penser à [-에 대해 생각하다]	

내용 B

Dans une gare, vous pouvez acheter vos billets :
[기차역에서 당신은 표를 살 수 있습니다 :]
Au guichet : [창구에서 :]
- en espèces : [현금으로]
- par carte bancaire à partir de 5 euros
  [5유로 이상부터 은행카드로]
- par chèque à partir de 15 euros
  [15유로 이상부터 수표로]

Aux distributeurs automatiques [자동 판매기에서]
- en espèces [현금으로]
- par carte bancaire à partir de 1 euro
  [1유로부터 은행 카드로]

1) dans

[장소 : -안에]	Il se promène dans le parc. [그는 공원 안을 산책한다]
[시간 : -이내에]	Il revient dans la semaine. [그는 주내로 돌아온다]
[상태]	Il est dans une situation difficile. [그는 어려운 지경이다]

2) 전치사 à + 정관사

남성단수	여성단수	모음, 묵음 h 의 단수명사	복수명사
au	à la	à l'	aux

3) en

[장소]	Il habite en France. [그는 프랑스에 산다]
[시간]	Je suis né en 1961. [난 1961년에 태어났다]
[상태]	Il est en bonne santé. [그는 건강이 양호해]
[분할]	livre en trois volumes [3권으로 된 책]
[수단, 방법]	payer en espèces [현금으로 지급하다]

4) par

[장소, 공간]	jeter quelque chose par la fenêtre [-을 창문으로 던지다] Venez par ici. [이쪽으로 오세요]
[수단]	par avion [비행기로], par la poste [우편으로]
[단위]	manger trois fois par jour [하루에 세 번 먹다]

풀이 및 해석 B

Deuxième partie de l'enregistrement :

2. Vous pouvez acheter votre billet au guichet par chèque à partir de _____.
   - ☐ treize euros
   - ☐ quatorze euros
   - ☒ quinze euros

3. Vous ne pouvez pas payer aux distributeurs automatiques _____.
   - ☐ en espèces
   - ☐ par carte bancaire
   - ☒ par chèque

1) pouvoir [-할 수 있다]

je	peux	nous	pouvons
tu	peux	vous	pouvez
il, elle	peut	ils, elles	peuvent
[+동사원형]	Je peux travailler avec vous? [당신과 함께 일해도 됩니까?]		

2) un guichet

[창구]	faire la queue au guichet [창구에 줄을 서다]

3) un chèque

[수표]	chèque de voyage [여행자 수표] Vous payez par chèque ou en espèce? [수표로 지불하시겠어요 아니면 현금으로 지불하시겠어요?]

4) à partir de

[-로부터]	à partir du mois prochain [다음달부터] à partir d'ici [여기서부터]

5) ne - pas

ne + 동사 + pas의 어순으로서 문장을 전체 부정한다.

Je ne travaille pas le dimanche.

[나는 일요일에는 일을 하지 않는다]
Je n'ai pas d'argent. [나는 돈이 없다]

6) payer

je	paie (paye)	nous	payons
tu	paies (payes)	vous	payez
il, elle	paie (paye)	ils, elles	paient
[지불하다]	Il a payé son loyer. [그는 집세를 지불했다]		
[죄값을 치루다]	Il me le payera.		

7) un distributeur

[분배자, 배달인]	distributeur de journaux [신분배달인]
[판매기]	distributeur automatique [자동 판매기]

8) une espèce

[단수 : 종류]	marchandises de toutes espèces [모든 종류의 상품들]
[복수 : 현금]	payer en espèces [현금으로 지불하다]

9) 숫자

1	2	3	4	5	6
un (une)	deux	trois	quatre	cinq	six
7	8	9	10	11	12
sept	huit	neuf	dix	onze	douze
13	14	15	16	17	18
treize	quatorze	quinze	seize	dix-sept	dix-huit
19	20	21	22	23	24
dix-neuf	vingt	vingt et un	vingt-deux	vingt-trois	vingt-quatre
30	31	32	40	50	51
trente	trente et un	trent-deux	quarante	cinquante	cinquante et un

46 Exercice 1

<table>
<tr><td>60</td><td>61</td><td colspan="2">70</td><td colspan="2">71</td></tr>
<tr><td>soixante</td><td>soixante et un</td><td colspan="2">soixante-dix</td><td colspan="2">soixante et onze</td></tr>
<tr><td colspan="2">80</td><td colspan="2">81</td><td colspan="2">90</td></tr>
<tr><td colspan="2">quatre-vingt</td><td colspan="2">quatre-vingt-un</td><td colspan="2">quatre-vingt-dix</td></tr>
<tr><td colspan="2">91</td><td>100</td><td>200</td><td>1000</td><td>10000</td></tr>
<tr><td colspan="2">quatre-vingt-onze</td><td>cent</td><td>deux cents</td><td>mille</td><td>dix-mille</td></tr>
</table>

Première Partie
COMPRÉHENSION ORALE

Vous allez entendre 4 enregistrements, correspondant à 4 documents différents. Pour chaque document, vous aurez :

- 30 secondes pour lire les questions ;
- une première écoute, puis 30 secondes de pause pour commencer à répondre aux questions :
- une deuxième écoute, puis 30 secondes de pause pour compléter vos réponses.

Répondez aux questions en cochant ☒ la bonne réponse, ou en écrivant l'information demandée.

■ Exercice 1.

Première partie de l'enregistrement :

1. De quoi s'agit-il?

Deuxième partie de l'enregistrement :

2. On voyage à Rome ____________
   - ☐ en train
   - ☐ en avion
   - ☐ en bus

3. Le prix de 655 euros inclut :
   - ☐ une nuit à l'hôtel
   - ☐ une nuit avec petit-déjeuner dans un hôtel 4 étoiles
   - ☐ une nuit avec petit-déjeuner dans un hôtel 3 étoiles

전체 해석

Première partie de l'enregistrement [녹음의 첫 번째 부분]

1. De quoi s'agit-il ? [무엇에 관한 것인가 ?]

Deuxième partie de l'enregistrement [녹음의 두 번째 부분]

2. On voyage à Rome __________ [우린 ___을 통해 로마로 여행을 한다]
   - ☐ en train [기차로]
   - ☐ en avion [비행기로]
   - ☐ en bus [버스로]

3. Le prix de 655 euros inclut : [655 유로의 가격은 ___을 포함하고 있다]
   - ☐ une nuit à l'hôtel [호텔에서 하룻 밤 묵는 비용]
   - ☐ une nuit avec petit-déjeuner dans un hôtel 4 étoiles [별 4개짜리 호텔에서 아침을 포함한 하룻 밤 묵는 비용]
   - ☐ une nuit avec petit-déjeuner dans un hôtel 3 étoiles [별 3개짜리 호텔에서 아침을 포함한 하룻 밤 묵는 비용]

내용 A

Bienvenue sur Promotion Voyage, centre de promotions de voyages , billets d'avion, hôtels et locations de voitures en ligne. Réservez en toute confiance au meilleur prix. Consultez également les principaux sites d'agences de voyages.
[여행, 표, 비행기, 호텔, 렌트카 등에 대한 특가의 중심인 여행 특가에 오신 것을 환영합니다. 가장 좋은 가격으로 믿고 예약하세요. 또한 여행사의 주 싸이트에서도 문의하세요.]

1) la bienvenue

[환영, 환대]	Soyez la bienvenue! [환영합니다!]

2) un voyage

[여행]	un voyage d'études [답사여행] partir en voyage [여행을 떠나다]

3) un avion

un taxi	un métro	un train	un avion	un autobus
une station		une gare	un aéroport	un arrêt

4) un hôtel

[호텔]	hôtel de tourisme [관광 호텔] Hôtel de ville [시청]

5) une location

[임대차]	location au mois [월세로] voiture de location [렌트카] donner une maison en location [집을 임대해주다]

6) réserver

[남겨두다]	Je vous ai réservé une part du gâteau. [당신을 위해 케익 한 조각을 남겨두었어요]
[예약하다]	réserver sa place dans le train [기차 좌석을 예약하다]

7) tout

[형용사]	[모든]	tout le temps [줄곧] toute la nuit [밤새] tous les jours [매일]
[대명사]	[모두]	Je vous invite tous. [당신 모두를 초대할께요]
[부 사]	[매우]	Il est tout content. [그는 매우 만족해한다]

8) la confiance

[신뢰, 확신]	Faites-moi confiance [날 믿어주세요] homme de confiance [믿을 수 있는 남자]

9) meilleur

[bon 의 비교급 : 더 좋은]	Cet homme est meilleur que je ne pensais. [이 남자는 내가 생각했던 것 보다 더 좋은 사람이다]
[정관사, 소유형용사: 최상급 : 가장 좋은]	mon meilleur ami [가장 좋은 친구] le meilleur vin [제일 좋은 포도주]

10) le prix

[가격]	prix courant [시가] prix de revient [원가] prix d'ami [특별히 깎은 가격] baisser le prix [가격을 내리다]
[상]	remporter le prix [상을 타다]

11) consulter

[상의하다]	consulter un médecin [의사에게 진찰을 받다]
[참조하다]	consulter un dictionnaire[사전을 찾다] ouvrage à consulter [참고서]

12) également

[마찬가지로]	J'achète ce livre et celui-là également [이 책하고 저 책도 살께요]

13) principal

[주요한]	jouer un rôle principal dans le film [영화에서 주역을 맡다]
[-al → -aux]	amical [친근한] - amicaux fondamental [기본의] - fondamentaux

풀이 및 해석 A

Première partie de l'enregistrement :

1. De quoi s'agit-il?
   Il s'agit d'une annonce sur une promotion de voyage [여행 할인에 관한 광고]

1) quoi

[전치사와 함께]	De quoi parlez-vous? [무엇에 대해 말하는 겁니까?]
[전치사 없이]	Vous désirez quoi? [무엇을 원하세요?]

2) 비인칭 주어 il

[시간]	Quelle heure est-il? [몇시입니까?]
[날씨]	Quel temps fait-il? [날씨가 어때요?]
[Il y a]	Il y a un livre sur la table. [책상 위에 책이 한권 있습니다]
[Il est +형용사 + de + 동사원형]	Il est facile d'apprendre le français. [프랑스어를 배우는 것은 쉽다]

3) une annonce

[알림]	faire l'annonce de quelque chose [-을 발표하다]
[광고]	annonce publicitaire [광고], petites annonces [신문 광고]

4) sur

[위치 : -위에]	Asseyez-vous sur la chaise. [의자에 앉으세요]
[-에 관해]	discuter sur ce sujet [이 주제에 관해 토의하다]
[방향, 목표]	appuyer sur quelque chose [-을 누르다]
[비율]	avoir quinze sur vingt [20점 중에서 15점을 받다]

5) une promotion

[승진]	fêter une promotion [승진을 축하하다]
[촉진]	promotion des ventes [판매촉진]

내용 B

Comme chaque vendredi, voici quelques idées pour votre prochain week-end. Avec les trains Eurostar, De surcroît, un voyagiste affiche jusqu'au 31 janvier une promotion qui propose Rome à 100 euros. Pour 655 euros, vous pouvez utiliser le transport en train au départ de Paris compris une nuit avec petit-déjeuner dans un hôtel quatre étoiles.
[매주 금요일과 마찬가지로, 여기 유로스타 기차와 함께당신의 다음 주말에 대한 몇 가지 제안이 있습니다 : 게다가, 1월 31일까지 여행객은 로마까지 100 유로에 갈 수 있습니다. 655 유로에 당신은 파리에서 출발하는 기차 비용과 별 4개 짜리 호텔에서 아침을 포함한 하룻밤을 지낼 수 있습니다]

1) comme

[-와 마찬가지로]	+ 명사구	Il sera médecin comme son père.
	+ 절	Faites comme vous voudrez [원하는 대로 하세요]
[-때문에]	Comme tu parles bien coréen, tu pourras m'aider. [너는 한국어를 잘 하니까, 나를 도울 수 있을꺼야]	
[-로서]	Il a choisi Marie comme secrétaire. [마리를 비서로 택했다]	
[감탄문]	Comme elle est jolie, votre maison! [당신 집은 정말 예쁘군요!]	

2) chaque

[매, 번]	chaque jour (année) [매일, 매년] chaque côté [양쪽]

3) vendredi

월요일	화요일	수요일	목요일	금요일	토요일	일요일
lundi	mardi	mercredi	jeudi	vendredi	samedi	dimanche

4) voici

[여기에 - 이 있다]	Voici mon ami Paul. [얘가 내 친구 뽈이야]
[-이 오다]	Me voici! [나 왔어!]

5) quelque

[단수 : 어떤]	Vous voulez quelque chose? [무엇인가를 원하세요?]
[복수 : 몇몇의]	quelques mois plus tard [몇 달 후에]

6) une idée

[관념, 개념]	idée générale [일반적 관념] idée fixe [고정관념]
[생각]	C'est une bonne idée. [그거 좋은 생각이야]

7) prochain

[다음의]	la prochaine station [다음 정류장] la semaine prochaine [다음 주]

8) mois (月)

janvier	février	mars	avril	mai	juin
juillet	août	septembre	octobre	novembre	décembre

9) qui [관계대명사]

[주어]	Je cherche une femme qui parle français. [프랑스어를 하는 여자를 찾고 있어]
[강조 : c'est ... qui]	C'est vous qui me l'avez dit. [나에게 그것을 말한 건 당신이야]

10) proposer

[- qch à qn : -에게 -을 권하다]

Il propose un travail à Paul. [그는 뽈에게 일자리를 제안한다

[- à qn de + 동사원형 : -에게 -할 것을 권하다]

Je vous propose d'aller voir ce film.
[당신에게 그 영화를 보러 갈 것을 권합니다]

11) comprendre

je	comprends	nous	comprenons
tu	comprends	vous	comprenez
il, elle	comprend	ils, elles	comprennent
[이해하다]	Je comprends parfaitement ce que vous dites. [당신이 말하는 것을 완벽하게 이해합니다]		
[포함하다]	Le pourboire est compris dans le prix total. [팁은 전체 액수 속에 포함되어 있습니다]		

12) le transport

[운송, 수송]	moyen de transport [운송수단] frais de transport [운임]

13) 식사에 관련된 표현들

[아침식사]	le petit-déjeuner	prendre le petit-déjeuner [아침식사를 하다]	
[점심식사]	le déjeuner	prendre le déjeuner	déjeuner
[저녁식사]	le dîner	prendre le dîner	dîner

풀이 및 해석 B

Deuxième partie de l'enregistrement :

2. On voyage à Rome ___________.
   - ☒ en train
   - ☐ en avion
   - ☐ en bus

3. Le prix de 655 euros inclut :
   - ☐ une nuit à l'hôtel
   - ☒ une nuit avec petit-déjeuner dans un hôtel 4 étoiles
   - ☐ une nuit avec petit-déjeuner dans un hôtel 3 étoiles

1) voyager [-ger 로 끝나는 동사들 (changer, manger, ranger, voyager)

je	-ge	nous	-geons
tu	-ges	vous	-gez
il, elle	-ge	ils, elles	-gent

2) 국가 또는 도시를 나타내는 요소 앞의 전치사

국가	여성명사	en	Corée [한국], Chine [중국], Italie [이탈리아]
	남성단수	au	Japon [일본], Canada [캐나다]
도시		à	Paris, Séoul, Rome

3) 전치사 de

de + le	du
de + la	de la
de + le, la + 모음, 묵음의 h	de l'
de + les	des

① [소유, 소속] : -의
Tu as vu la nouvelle voiture de Pierre? [너 삐에르의 새 자동차를 봤어?]
Est-ce que tu as le CD de Céline Dion? [너 셀린 디옹의 음반을 가지고 있니?]

② [목적, 용도] : -을 위한
C'est une robe de soirée. [이건 야회복이야]
Où est la salle d'attente? [대합실이 어디입니까?]

③ [재료] : -으로 된, 만든
Où est-ce qu'on peut acheter un sac de papier?
[종이봉지를 어디서 살 수 있죠?]

④ [출발점] : -에서, -로부터
Vous venez d'où? [어디에서 오시는 거에요?]

⑤[기원] : -의
Vous êtes de quelle région? [어느 지방 출신이세요?]
Je suis de Montpellier. [몽뻴리에 출신입니다]

⑥ [원인, 동기] : - 때문에
Cet homme est mort de faim. [이 남자는 餓死했어]
Je suis très heureux de te voir. [너를 보게 되어서 정말 기뻐]

Première Partie

COMPRÉHENSION ORALE

Vous allez entendre 4 enregistrements, correspondant à 4 documents différents. Pour chaque document, vous aurez :

- 30 secondes pour lire les questions :
- une première écoute, puis 30 secondes de pause pour commencer à répondre aux questions :
- une deuxième écoute, puis 30 secondes de pause pour compléter vos réponses.

Répondez aux questions en cochant ☒ la bonne réponse, ou en écrivant l'information demandée.

Document 1.

Comprendre des annonces et instructions orales

Première partie de l'enregistrement :

1. De quoi s'agit-il?

Deuxième partie de l'enregistrement :

2. Vous remplissez la bonne commande et vous l'envoyez avec _____
   - ☐ une lettre
   - ☐ votre numéro de téléphone

3. Vous n'avez pas besoin d'apporter ______ le soir du concert.
   - ☐ une pièce d'identité
   - ☐ votre numéro de réservation
   - ☐ votre photo

전체 해석

Première partie de l'enregistrement [녹음의 첫 번째 부분]

1. De quoi s'agit-il? [무엇에 관한 것인가?]

Deuxième partie de l'enregistrement [녹음의 두 번째 부분]

2. Vous remplissez la bonne commande et vous nous l'envoyez avec ____
[당신은 원격매입 주문서를 기재하여 ____과 함께 우리에게 보내세요]
    - ☐ le règlement [결제액]
    - ☐ votre numéro de téléphone [전화번호]

3. Vous n'avez pas besoin d'apporter ______ le soir du concert.
[당신은 저녁 연주회에 ___을 가지고 갈 필요가 없다]
    - ☐ une pièce d'identité [신분증]
    - ☐ votre numéro de réservation [예약번호]
    - ☐ votre photo [당신의 사진]

내용 A

Bienvenue sur le site de Gilbert Couiller

Une réservation de concert.
Facile avec Gilbert Coullier! Pour faire une réservation de concert, faites votre sélection par artistes et par dates. Retrouvez tous les spectacles parisiens sur le site et faites votre réservation de concert en ligne.

[질베르 꾸이에 싸이트에 오신 것을 환영합니다
연주회 예약, 질베르 꾸이에와 함께라면 쉽습니다! 연주회 예약을 하시기 위해서, 예술가, 날짜를 선택하세요. 싸이트에서 파리에서 행해지는 모든 공연을 발견해보세요 그리고 전화로 당신의 예약을 하세요.]

1) facile

[쉬운, 용이한]	C'est facile comme bonjour. [그것은 아주 쉬운 일이다]	
	+ à + 동사원형	voiture facile à conduire [운전하기 쉬운 차]

2) avec

[-와 함께]	Venez avec moi. [나와 함께 갑시다]
[양태]	avec prudence [신중하게] avec plaisir [기꺼이]
[-외에]	Et avec ça, madame ? [이것말고 다른 것은요 ?]

3) pour

[-을 위해]	Il travaille pour sa famille. [그는 가족을 위해 일한다]
[-를 향해]	Il part pour Paris. [그는 파리로 떠난다]
[비교 : -치고는]	Il est assez fort pour son âge. [그는 나이치고는 힘이 세다]

4) faire

je	fais	nous	faisons
tu	fais	vous	faites
il, elle	fait	ils, elles	font
[-하다]	Qu'est-ce que tu fais ici? [너 여기서 뭐하니?]		
[만들다]	Il fait bien le pain. [그는 빵을 잘 만든다]		
[-하게 하다]	Faites venir le médecin. [의사를 불러오게 하시오]		

5) une sélection

[선택, 선발]	faire une selection parmi des candidats [후보자들 중 선발하다] épreuve de selection [선발 시험]

6) une date

[날짜, 연월일]	date de naissance [생년월일] Quelle date sommes-nous aujourd'hui? [오늘 며칠입니까?]
[기한]	date de paiement [지불기한]

7) retrouver

[찾아내다]	La police a retrouvé le voleur. [경찰은 도둑을 찾아냈다]
[재회하다]	Il a retrouvé sa famille. [그는 가족을 다시 만났다]

8) un spectacle

[광경, 구경거리]	spectacle de la nature [자연의 경관]
[공연]	aller au spectacle [공연을 보러 가다] salle de spectacle [극장]

9) parisien

[파리의]	banlieue parisienne [파리 교외] chic parisien [파리 풍의 멋]

풀이 및 해석 A

Première partie de l'enregistrement :

1. De quoi s'agit-il?

   L'annonce d'un site de réservation de concert.
   [공연 예약 싸이트에 관한 광고]

1) à propos de [-에 관한]

   Nous avons discuté à propos de voyage.
   [우리 여행에 관해 논의했다]
   À propos de quoi? [무슨 까닭으로?]

2) une réservation

[예약]	réservation des places [좌석 예약]

3) un concert

[음악회]	donner un concert [음악회를 열다] concert donné en plein air [야외 음악회]

내용 B

Vous remplissez le bon de commande à télécharger et vous nous le renvoyez avec le règlement. Dès réception de votre règlement, nous vous renverrons vos réservations par e-mail. Le soir du concert, vous pourrez rentrer prioritairement si vous êtes muni d'une pièce d'identité et de votre numéro de réservation,
[원격매입 주문서에 기재하시고 금액과 함께 우리에게 보내주십시오. 당신의 금액을 받는 즉시, 우린 당신에게 메일로 당신의 예약표를 보내드리겠습니다. 신분증과 예약 번호를 가지시면 저녁 연주회에 당신은 우선적으로 입장하실 수 있습니다.]

1) renvoyer

[돌려보내다]	renvoyer sa bague de fiançaille [약혼 반지를 돌려보내다]

2) le règlement

[규정]	règlement d'une école [교칙] règlement intérieur [내규]
[결제]	jour du règlement [결제일]

3) dès

[-부터 (바로)]	dès maintenant [지금부터 곧] se lever dès l'aube [새벽같이 일어나다]

4) une réception

[받기, 수령]	avis de réception [수취증]

5) une pièce

[낱개]	vendre à la pièce [낱개로 판매하다]
[화폐]	donner une pièce [팁을 주다] pièce d'or [금화]
[서류]	pièce justificative [증빙서류]
[방]	appartement de trois pièces [방 세 개의 아파트]

6) l'identité

[동일성]	identité de mon goût avec le sien [나의 취미와 그의 취미의 일치]
[신분]	carte d'identité [신분증] plaque d'identité [등록번호판]

7) une priorité

[우선]	carte de priorité [우선권 카드]
[우선권]	laisser la priorité à un véhicule [자동차에게 우선권을 주다]

풀이 및 해석 B

Deuxième partie de l'enregistrement :

2. Vous remplissez le bon commande et vous nous l'envoyez avec _____
   ☒ le règlement
   ☐ votre numéro de téléphone

3. Vous n'avez pas besoin d'apporter _______ le soir du concert.
   ☐ une pièce d'identité
   ☐ votre numéro de réservation
   ☒ votre photo

1) remplir

[채우다]	remplir un verre jusqu'au bord [잔을 가득 채우다]
[기재하다]	remplir un questionnaire (une fiche) [질문서(카드)에 기재하다]

2) bon

[형용사]	좋은 : bon roman [좋은 소설] Le tabac n'est pas bon pour la santé.
	맛있는 : bon gâteau [맛있는 케익]
	적당한 : au bon moment [적시에]
[명사]	[교환권, 지불권] : bon de commande [매입주문서]

3) 직, 간접목적보어 인칭대명사

인칭	주 어		직접 보어		간접보어
1. 단수	Je		me (m')		
2. 단수	Tu		te (t')		
3. 단수	Il	Elle	le	la	lui
1. 복수	Nous				
2. 복수	Vous				
3. 복수	Ils	Elles	les		leur

① 직접과 간접보어인칭 대명사는 일반적으로 동사 앞에 위치한다

Il me connaît. [그는 나를 안다]

Il me téléphone. [그는 나에게 전화를 한다]

② 직접과 간접의 경우, 3인칭에서만 그 형태가 구분되는데, 직접의 경우는 직접타동사가, 간접의 경우는 전치사를 필요로 하는 간접타동사가 있다

Elle t'aime. [그녀는 너를 좋아해 : 직접]

Elle t'écrit une lettre. [그녀가 너에게 편지를 쓴다]

③ 간접목적보어인칭 대명사를 취하는 간접타동사들

écrire à quelqu'un [-에게 편지를 쓰다]

nuire à quelque chose [-에 해롭다]

obéir à quelqu'un [-에게 복종하다]

parler à quelqu'un [-에게 말하다]

téléphoner à quelqu'un [-에게 전화를 하다]

④ 목적보어 인칭대명사와 동사의 일치

a) 단순시제에서는 일치현상이 일어나지 않는다

Je le connais. [3인칭 남성] Je la connais. [3. 여]

b) 복합시제 (조동사 + 과거분사) 의 경우, 직접보어의 성과 수는 과거분사의 어미에 의해 형태적으로 나타나는 반면, 간접보어의 경우는 그렇지 않다.

J'ai vendu ma voiture. [나는 나의 차를 팔았다]

→ Je l'ai vendue.

Il a écrit une lettre à sa mère. [그는 어머니에게 편지를 썼다]

→ Il lui a écrit une lettre.

Il a acheté des jouets pour ses enfants.

[그는 아이들을 위해 장난감을 사주었다]

→ Il les a achetés pour ses enfants.

Il a téléphoné à ses parents. → Il leur a téléphoné.

[그는 부모님께 전화를 했다]

PREMIÈRE PARTIE : Exercice 2 유형의 주요 구성 분석

Exercice1 유형과 마찬가지로, 듣기 평가에 관계되는 이해력을 묻는다는 점에서는 유사한 문형이지만, 다음과 같은 특성들을 지닌다 :

1) 내용이 하나로 구성되어져 있다.

2) 문항수가 많다는 것이 특징이다. 문항 수가 많다는 것은 다시 말하면 내용면에서 분량이 더 많다는 의미가 되고, 이는 곧 듣기 평가에서 보다 상세한 내용이 포함된다는 것을 의미한다.

3) 주제의 선택에 있어서 보다 다양성을 보인다. Exercice 1에 비해 스포츠 또는교통상황과 같은 실제 생활의 정보에 관한 내용으로 구성되어지므로, 응시자의 장에서 보다 세심한 주의가 필요하다.

Première Partie

COMPRÉHENSION ORALE

■ Exercice 2

Comprendre des émissions de radio et des enregistrements
Répondez aux questions en cochant ☒ la bonne réponse, ou en écrivant l'information demandée.

1. Un stage de football sera organisé dans :
   - ☐ une piscine
   - ☐ une salle de gymnastique
   - ☐ un stade

2. Un stage de football aura lieu au mois de _______
   - ☐ juin
   - ☐ juillet
   - ☐ août

3. Il y aura aussi un stage de ______ pour les adolescents de 15 à 18 ans.
   - ☐ basketball
   - ☐ natation
   - ☐ vélo

4. Jusqu'à quand doit-on s'inscrire? ________________________

내 용

La maison des Jeunes propose des stages de sport pour les vacances d'été. D'abord, un stage de football sera organisé du 1er au 15 juillet pour les jeunes de 8 à 11 ans dans le stade de notre ville. Ensuite, au mois d'août, un stage de tennis sera organisé pour les adolescents de 15 à 18 ans. Si vous êtes intéresssé, inscrivez-vous rapidement, avant le 15 juin car les places sont limitées.

[청소년 문화회관은 여름 방학을 맞이하여 스포츠 연수를 제안합니다. 우선, 축구 연수가 우리 도시 경기장에서 8세부터 11세의 어린이들을 위해 7월 1일부터 15일까지 열릴 예정입니다. 그리고 나서, 8월달에 테니스 연수가 14세부터 18까지의 청소년을 위해 열릴 예정입니다. 관심이 있으신 분은 인원에 제한이 있으니 6월 15일 이전에 빨리 등록해 주세요.]

1) une maison

[주택]	maison à vendre(louer) [팔(세놓을) 집] garder la maison [집을 보다]
[건물, 회관]	maison de santé [요양소] maison de la culture [문화회관] maison de retraite [양로원]

2) jeune

[형용사 : 젊은]	jeune homme [청년] jeune courage [젊은 혈기] faire plus jeune que son âge [나이보다 젊게 보이다]
[명사 : 젊은이, 청년]	maison des jeunes [청소년 문화회관]

3) un stage

[연수, 양성기간]	stage pédagogique [교육실습] faire un stage [견습하다]

4) les vacances

[방학, 휴가]	vacances d'été [여름방학] vacances d'hiver [겨울방학] Bonnes vacances! [즐거운 방학 보내세요!]

5) l'été

[여름]	Cet été, je vais à la mer. [이번 여름에 난 바다에 간다] en été [여름에] cours d'été [하기 강좌]

6) organiser

[조직, 편성하다]	organiser la résistance [저항운동을 조직하다]
[계획하다]	organiser une réunion [회합을 준비하다]

7) un stade

[경기장]	stade municipal [시립운동장]

8) une ville

[도시]	chercher du travail à la ville [도시에서 일자리를 찾다] hôtel de ville [시청] ville industrielle [공업도시]

9) le mois

[月]	au mois de janvier [1월 달에] chaque mois [매달] être payé au mois [다달이 월급을 받다]

10) un(e) adolescent(e)

[청춘기의 남녀]	film interdit aux adolescents [청소년 관람금지 영화]

11) s'inscrire

[가입, 등록하다]	s'inscrire à la faculté [대학에 등록하다]

12) avant

[전치사 : -이전에]	Il est arrivé avant moi. [그는 나보다 먼저 도착했다]
[부사 : -전에]	quelques jours avant [며칠 전에]

13) la place

[장소]	Mettez chaque chose à sa place. [물건을 각각 제자리에 놓세요]
[좌석]	place libre [빈 자리] réserver sa place [좌석을 예약하다]
[처지, 입장]	Si j'étais à votre place, .. [내가 당신 입장이었다면,..]
[광장]	La mairie se trouve sur la place du village. [시청은 마을 광장에 있다]

14) limité(e)

[제한된, 한정된]	espace limité [한정된 공간] nombre limité [제한된 수]

15) 근접미래

aller + 동사원형	Je vais partir tout de suite. [나는 곧 떠날꺼야]

풀이 및 해석

1. Un stage de football sera organisé dans :
   [축구 연수는 ____에서 조직될 예정이다]
   - ☐ une piscine [수영장]
   - ☐ une salle de gymnastique [체조실]
   - ☒ un stade [운동장]

2. Un stage de football aura lieu au mois de ________
   [축구 연수는 __월달에 있을 예정이다]
   - ☐ juin
   - ☒ juillet
   - ☐ août

3. Il y aura aussi un stage de ______ pour les adolescents de 15 à 18 ans.
   [또한 15세부터 18세까지의 청소년들을 위한 ____ 연수가 있을 것이다]
   - ☐ basketball [농구]
   - ☒ tennis [수영]
   - ☐ vélo [자전거]

4. Jusqu'à quand doit-on s'inscrire? <u>avant le 15 juin</u>
   [언제까지 등록을 해야 하는가?] [6월 15일 이전]

Première Partie
COMPRÉHENSION ORALE

■ Exercice 2

Répondez aux questions en cochant ☒ la bonne réponse, ou en écrivant l'information demandée.

1. Le thème principal de ce document est :
   - ☐ un accident de voiture
   - ☐ un attentat
   - ☐ un accident d'avion

2. Cet événement s'est passé à ______________
   - ☐ Paris
   - ☐ Londres
   - ☐ Rome

3. Il y a eu combien de morts?

4. Pourquoi des millions de Britanniques ont-ils observé deux minutes de silence jeudi?

내 용

Le terrorisme frappe Londres. Des millions de Britanniques ont observé jeudi deux minutes de silence pour commémorer les morts des attentats-suicides qui ont ensanglanté Londres il y a une semaine. Alors que débutait le G8 en Ecosse, jeudi dernier, quatre explosions en pleine heure de pointe ont fait au moins 52 morts et près de 700 blessés dans le métro et le bus.

[폭력행위가 런던을 엄습했습니다. 목요일, 수백만명의 영국인들이 일주일전에 런던을 피로 물들였던 자살-테러행위로 인한 사상자들을 추념하기 위해 2분간의 묵념을 하였습니다. 스코틀랜드에서 8개국 선진국가회의가 개최되었을 때, 지난 목요일, 러시아워 시간에 4번의 폭발로 인해 지하철과 버스에서 적어도 52명의 사상자와 700명 가까운 부상자가 발생했습니다.]

1) le terrorisme [공포정치, 테러리즘, 폭력행위]

어미 (suffixe)에 의한 성 구분			
남성	-age	un voyage [여행]	un bagage [가방]
	-isme	le socialisme [사회주의]	le communisme [공산주의]
	-asme	l'enthousiasme [열성]	
여성	-ade	une ambassade [대사관]	une promenade [산책]
	-ude	la solitude [고독]	l'habitude [습관]
	-ette	une fillette [계집애]	une dette [부채]
	-ille	une fille [여자 아이, 딸]	une paille [짚]
	-aison	la raison [이성]	la conjugaison [동사변화]

2) frapper

[타동사]	[때리다, 두드리다]	frapper quelqu'un au visage [-의 얼굴을 때리다]
	[강한 인상을 주다]	Ce qui me frappe le plus .. [내게 가장 인상깊었던 것은 ..]
[간접타동사: à]	[-을 두드리다]	frapper à la porte. [문을 두드리다]

3) un million

[백만]	deux millions d'électeurs [2백만의 유권자] riche à millions [백만장자]

4) observer

[관찰하다]	Il observe un nouvel employé. [그는 신입사원을 관찰한다]
[지키다, 준수하다]	observer le silence [침묵을 지키다]

5) la semaine [周]

lundi	mardi	mercredi	jeudi	vendredi	samedi	dimanche

6) deux

un(une)	deux	trois	quatre	cinq
six	sept	huit	neuf	dix.

[둘의]	Il a deux enfants. [그는 자녀가 둘이다]
[둘째의]	numéro deux [2번] page deux [2페이지] leçon deux [2과]

• 1부터 10까지의 숫자중 마지막 자음이 발음되는 경우들이 있다는 점에 유의

7) une minute

분(分)	une minute de silence [1분간의 묵념] Je reviendrai dans une minute. [곧 돌아오겠다] jusqu'à la dernière minute [최후의 순간까지]

8) le silence

[침묵]	garder (rompre) le silence [침묵을 지키다 (깨다)]
[고요]	silence de la nuit [밤의 고요] silence de mort [죽음과 같은 정적]

9) commémorer

[기념, 추념하다]	commémorer la victoire [전승을 기념하다]

10) mort

[형용사 : 죽은]	arbre mort [고목] les feuilles mortes [고엽]
[명사 : 고인]	Les morts ont toujours tort [죽은 자는 말이 없다]

11) un attentat

[음모,테러]	Le président a échappé à un attentat. [대통령은 암살기도를 면했다]

12) ensanglanter

[피로 물들이다]	ensanglanter un vêtement [옷을 피투성이로 만들다]

13) il y a [-전에]

• 비인칭 주어 il

[시간]	Quelle heure est-il? [몇시입니까?]
[날씨]	Quel temps fait-il? [날씨가 어때요?]
	Il est facile d'apprendre le français. [프랑스어를 배우는 것은 쉬워요]

14) débuter

[첫발을 내딛다]	débuter dans la vie sociale [사회생활에 첫발을 내딛다]
[시작되다]	La séance débute à 18 h. [회의가 18시에 개회한다]

15) une explosion

[폭발]	explosion atomique [핵폭발] explosion d'une guerre [전쟁의 발발]

16) plein(e)

[가득 찬]	avoir l'estomac plein [배가 부르다]
[plein de]	Il y a plein de monde dans la rue. [거리에 사람들이 꽉 찼다]
[완전한]	pleine lune [보름달]

17) moins [명사]

[à moins de : -이하로]	à moins de cent euros [100유로 이하로]
[au moins : 적어도]	Il a perdu au moins cent euros. [그는 적어도 100 유로를 잃었다]

18) dernier(ère)

[명사앞]	[최근의 마지막의]	Décembre est le dernier mois de l'année. [12월은 한 해의 마지막 달이다]
[명사뒤]	[지난]	la nuit dernière [지난 밤]

• 형용사의 여성형

-er → ère	cher - chère	fier [자랑스러운] - fière

풀이 및 해석

1. Le thème principal de ce document est : [이 글의 주제는 ___ 이다]
   - ☐ un accident de voiture [자동차 사고]
   - ☒ un attentat [테러]
   - ☐ un accident d'avion [비행기 사고]

2. Cet événement s'est passé à __________ [이 사건은 _____에서 발생했다]
   - ☐ Paris
   - ☒ Londres
   - ☐ Rome

3. Il y a eu combien de morts ? 52
   [이 사고로 몇 명의 사상자가 났는가 ?]

4. Pourquoi des millions de Britanniques ont-ils observé deux minutes de silence jeudi?
   [왜 수백만명의 영국인들이 2 분간의 묵념을 했는가?]
   pour commémorer les morts des attentats-suicides qui ont ensanglanté Londres il y a une semaine.
   [일주일전 런던을 피로 물들렸던 자살-테러로 인한 사망자들의 넋을 기리기 위해]

Première Partie
COMPRÉHENSION ORALE

■ Exercice 2.

Répondez aux questions en cochant ☒ la bonne réponse, ou en écrivant l'information demandée.

1. De quoi s'agit-il?
   - ☐ la Coupe du Monde
   - ☐ le Tour de France
   - ☐ les Jeux Olympiques

2. CIO est :

3. Quelle ville l'a emporté sur Paris?
   - ☐ New York
   - ☐ Madrid
   - ☐ Londres

4. Quel a été le résultat du vote?
   - ☐ 54 voix contre 50
   - ☐ 53 voix contre 60
   - ☐ 45 voix contre 50

내 용

Jeux olympiques 2012

Londres l'emporte sur Paris
Le Comité international olympique a choisi de confier à Londres l'organisation des Jeux en 2012 par 54 voix contre 50 à Paris. Les membres du CIO ont d'abord éliminé Moscou, puis New York et Madrid, avant de faire leur choix entre Londres et Paris.

[2012년 올림픽 경기]

[런던이 파리에 승리했다]
[국제 올림픽 위원회는 2012년 올림픽을 파리를 상대로 54표 대 50 표로 런던에게 일임할 것을 결정했다. 국제 올림픽 위원회 회원들은 런던과 파리 사이에 그들의 선택을 하기 이전에 우선 모스코바, 그리고 잇달아 뉴욕과 마드리드를 제외시켰다.]

1) jeu

[놀이]	jeu de mots [재치문답] Ce n'est qu'un jeu. [그것은 단지 게임일뿐야]
[경기]	règle du jeu [경기규칙] jeu d'équipe [단체경기]

• 명사의 복수

-eu → -eux	cheveu [머리카락] - cheveux feu [불] - feux

2) olympique

[올림픽의]	champion olympique [올림픽 우승자] stade olympique [올림픽경기장] Comité International Olympique [국제 올림픽 위원회]

3) emporter

[가져가다]	Il emporte cette valise pour son voyage. [여행에 이 가방을 가져간다]
[-(sur) : 승리하다]	Notre équipe l'emporte par trois buts à un. [우리 팀이 3대 1로 이겼다]

4) le comité

[위원회]	élire un comité [위원회를 선출하다] comité exécutif [집행위원회]

5) international(e)

[국제적인]	commerce international [국제무역] marchés internationaux [국제시장]

6) choisir

je	choisis	nous	choisissons
tu	choisis	vous	choisissez
il, elle	choisit	ils, elles	choisissent
[선택하다]	Qu'est-ce que vous choisissez? [무엇을 선택하겠어요?]		

7) 과거분사 (participe passé)

		원형	과거분사
1군 동사	-é	aimer [좋아하다]	aimé
		chanter [노래하다]	chanté
		manger [먹다]	mangé
2군 동사	-i	finir [끝내다]	fini
		choisir [선택하다]	choisi
		grossir [살찌다]	grossi
3군 동사	-s	prendre [잡다]	pris
	-é	aller [가다]	allé
	-i	sortir [외출하다]	sorti
	-u	boire [마시다]	bu
		attendre [기다리다]	attendu

• 과거분사의 일치

조동사가 être 인 경우, 주어의 성과 수에 일치한다.

Paul est arrivé. [뽈이 도착했다]

Marie est arrivée. [마리가 도착했다]

조동사가 avoir 인 경우, 주어와 일치하지 않는다.

Paul a mangé une pomme. [뽈이 사과를 먹었다]

Marie a mangé une pomme.

직접목적어의 경우, 대명사화 되면 직접목적어와의 성과 수를 나타낸다.

J'ai acheté une voiture. [나는 자동차를 샀다]

– Je l'ai achetée.

J'ai vendu des maisons. [나는 집들을 팔았다]

– Je les ai vendues.

간접목적어의 경우 대명사화하여도 과거분사의 형태는 변하지 않는다.

J'ai téléphoné à mes parents. [나는 부모님께 전화를 했다]

– Je leur ai téléphoné.

8) confier

[맡기다,일임하다]	Il a confié son enfant à un ami. [아이를 친구에게 맡겼다]
[비밀을 말하다]	Il confie ses secrets à un ami. [그는 친구에게 비밀을 말했다]

9) une voix

[목소리]	avoir une voix très agréable [듣기 좋은 목소리를 가지고 있다] à haute voix [높은 목소리로] voix blanche [억양없는 목소리]
[투표]	donner sa voix à Jean [Jean 에게 투표하다] aller aux voix [투표하다]

• 단수와 복수의 형태가 같은 명사들

-s	un mois [달(月)] un poids [무게] un ours [곰]
-x	un taux [비율] une voix [목소리] un choix [선택]
-z	un nez [코] le riz [쌀]

10) contre

[대립 : -에 반대하여]	Je suis contre votre avis [당신 의견에 반대입니다]
[비율 : -대-]	dix voix contre sept [10표 대 7표]

11) un membre

[단체, 일원]	Tous les membres de la famille sont présents.[가족 전원이 모였다]

12) éliminer

[제거하다]	éliminer un nom d'une liste [목록에서 이름을 삭제하다]
[탈락시키다]	éliminer la moitié des candidats [후보자의 반을 떨어뜨리다]

13) le choix

[선택]	Je n'ai pas le choix. [나는 선택의 여지가 없다]

14) entre

[-사이에]	[공간]	distance entre Paris et Lyon [파리와 리용 간의 거리]
	[시간]	Je viendrai entre 10 h et 11 h. [10시와 11시 사이에 올께]
	[상호]	dîner entre amis [친구들끼리의 식사]

풀이 및 해석

1. De quoi s'agit-il? [무엇에 관한 것인가?]
   - ☐ la Coupe du Monde [월드컵]
   - ☐ le Tour de France [프랑스 자전거 대회]
   - ☒ les Jeux Olympiques [올림픽]

2. CIO est [CIO란] : Le Comité international olympique [국제 올림픽 위원회]

3. Quelle ville l'a emporté sur Paris? [어떤 도시가 파리를 상대로 승리했는가?]
   - ☐ New York
   - ☐ Madrid
   - ☒ Londres

4. Quel a été le résultat du vote? [투표의 결과는 어떠했는가?]
   - ☒ 54 voix contre 50
   - ☐ 53 voix contre 60
   - ☐ 45 voix contre 50

Première Partie
COMPRÉHENSION ORALE

■ Exercice 2

Répondez aux questions en cochant ☒ la bonne réponse, ou en écrivant l'information demandée.

1. La coupe du monde en 2002 a eu lieu : ________________

2. La Corée a terminé à la _________ place.
   - ☐ deuxième
   - ☐ troisième
   - ☐ quatrième

3. Quel était le surnom des supporteurs coréens?

4. Qu'est-ce qu'ils ont fait pendant la Coupe du Monde 2002?

내 용

La 17ème Coupe du Monde de la FIFA a eu lieu du 31 mai au 30 juin 2002 en Corée et au Japon. La quatrième place est revenue à la Corée. Les supporteurs de l'équipe de Corée, les «Red devils» ou «Diables rouges» poussaient des cris de joie et des hourras dans la rue pendant la Coupe du Monde 2002. La très grande majorité des supporteurs coréens portaient le maillot rouge «Be The Reds».
[세계 축구 연맹의 17회 월드컵이 2002년 5월 31부터 6월 30일까지 한국과 일본에서 개최되었다. 4위는 한국에게 돌아갔다. 한국 팀의 응원단인 <붉은 악마들>은 2002년 월드컵 기간 동안에 거리에서 기쁨의 환호성과 만세를 불렀다. 많은 한국 응원단들의 대다수는 붉은 응원복을 입었다.]

1) une coupe

[잔]	boire une coupe de champagne [샴페인 한잔을 마시다]
[우승배]	finale de la Coupe du monde [월드컵 결승전]

2) un lieu

[장소]	lieu de passage [통로] la date et le lieu [날짜와 장소]
avoir lieu [행해지다] en dernier lieu [최후로]	

3) 국가와 전치사

남성단수	au	au Japon [일본에] en Iran [이란에]
여성단수	en	en Chine [중국에] en Corée [한국에]
복수	aux	aux États-Unis [미국에]

4) la place

[장소]	Mettez chaque chose à sa place [물건을 각각 제자리에 놓세요]
[좌석]	réserver sa place [좌석을 예약하다]
[광장]	la place de la Concorde [콩코르드 광장]
[입장]	Mettez-vous à ma place. [당신이 내 입장이 되어 보세요]

5) revenir

[되돌아오다]	Le professeur revient demain. [선생님은 내일 또 오신다]
[떠오르다]	Son nom me revient maintenant [그의 이름이 이제 생각난다]

6) supporteur [후원자]

[참다, 견디다]	Je ne supporte plus. [더이상 참을 수가 없어]
[지지하다]	supporter une équipe [팀을 지지하다]

7) le diable

[악마]	Allez au diable ! [꺼져버려, 뒈져라 !]

8) rouge

[형용사 : 빨간 색의]	vin rouge [적포도주] être rouge de honte [부끄러움에 얼굴이 붉어지다]
[명사 : 붉은 빛]	Le feu était au rouge. [신호등이 빨간 색이었다]

9) pousser

[밀다]	pousser une voiture [차를 밀다] Ne poussez pas ! [밀지 마세요 !]
[부추기다]	C'est l'ambition qui le pousse. [그를 부추긴 것은 야망이다]

10) un cri

[고함]	pousser un cri [고함을 지르다] applaudir avec des cris de joie [기쁨의 환호성으로 갈채를 보내다] appeler quelqu'un à grands cris [큰 소리로 -를 부르다]

11) la joie

[기쁨]	avec joie [기꺼이] sauter de joie [기뻐 날뛰다] cri de joie [함성]

12) un hourra(h)

[함성]	pousser trois hourrahs [만세 삼창하다]

13) la majorité

[대다수]	majorité absolue [절대 다수] la majorité des cas [대부분의 경우]

14) un maillot

[옷]	se mettre en maillot de bain [수영복을 입다]

풀이 및 해석

1. La coupe du monde en 2002 a eu lieu : en Corée et au Japon.
   [2002년 월드컵은 한국과 일본에서 개최되었다]

2. La Corée a terminé à la __________ place. [한국은 _____위를 했다]
   ☐ deuxième
   ☐ troisième
   ☒ quatrième

3. Quel était le surnom des supporteurs coréens? Diables rouges
   [한국 응원단들의 별명은 무엇이었는가?] [붉은 악마]

4. Qu'est-ce qu'ils ont fait pendant la Coupe du Monde 2002?
   [그들은 2002년 월드컵 기간 동안 무엇을 했는가?]
   Ils poussaient des cris de joie et des hourras dans la rue
   [그들은 거리에서 기쁨의 환호성과 만세를 불렀다]

PREMIÈRE PARTIE : Exercice 3 유형의 주요 구성 분석

두 사람이 나누는 대화를 듣고 그 내용과 관계하여 주어진 예문들이 사실인지 아니면 거짓인지, 또는 대화의 내용으로는 파악할 수 없는 것인지를 맞추는 문제 :

- 대화의 내용이 A1 보다 복잡하고 길기 때문에 주의를 집중해야 한다.
- 대화의 내용 중 숫자 또는 장소에 관계되는 것에 특히 유의해야 한다.
- 주어진 문제가 대화의 내용에 나오는 문체 그대로 나오는 것이 아니라, 변형되어 나오는 형태를 취하므로 의미를 정확히 파악하고 있어야 한다.
- 대화를 나누는 대상들은 손님과 고객, 친구, 자식과 부모 등 다양해질 수 있고 따라서 대화의 주제 또한 다양해 질 수 있으므로 여러 가지 경우의 예를 다루어보는 것이 유리하다.

Première Partie

COMPRÉHENSION ORALE

Exercice 3

1. Vrai, faux, on ne sait pas? Cochez la case correpondante.

	Vrai	Faux	On ne sait pas
1. Mme. Durand et M. Dupont se connaissent depuis dix ans.			
2. M. Dupont vend aussi un téléphone portable.			
3. Mme Durand a acheté un ordinateur à M. Dupont parce qu'elle habite près de son magasin.			
4. M. Dupont a vendu l'ordinateur à Mme Durand à prix fixe.			
5. L'ordinateur que le magasin de la ville de Mme Durand a vendu était un modèle différent de celui que M. Dupont a vendu.			
6. M. Dupont a téléphoné au magasin pour vérifier les propos de Mme Durand.			

내 용

- Vous avez exagéré cette fois, Monsieur Dupont.
- Mais de quoi parlez-vous, Madame Durand?
- Ça fait dix ans qu'on se connaît et comment pouvez-vous faire ça contre moi?
- Calmez-vous, madame ! Je ne comprends rien à ce que vous dites.
- Je vous ai acheté un ordinateur pour mon fils avant-hier.
- Oui, je m'en souviens très bien.
- Qu'est-ce que vous m'avez dit en vendant cet ordinateur : c'est un modèle récent et le prix est exceptionnel : 1500 euros.
- Oui, je vous ai dit ça.
- Comme j'avais confiance en vous, je suis venue pour vous acheter l'ordinateur malgré que j'habite loin d'ici.
- Je le sais.
- Mais, j'ai vu un ordinateur par hasard dans le magasin de mon quartier. C'était le même modèle que j'ai acheté, mais le prix était de 1450 euros. C'était beaucoup moins cher.
- Ce n'est pas possible, Madame! Je vous ai vendu l'ordinateur à prix réduit.
- Si vous ne me croyez pas, vérifiez-le vous-même. Voilà le numéro de téléphone de ce magasin.

[이번엔 너무 하셨어요, 뒤퐁씨.
- 무엇에 대해 말씀하시는 거죠, 뒤랑 부인?
- 우리가 서로 안지 10년인데 어떻게 저한테 그러실 수가 있죠?
- 흥분을 가라 앉히시구요, 부인. 부인이 하는 말을 전혀 이해하지 못하겠어요.
- 그저께 제 아들을 위해 제가 당신에게서 컴퓨터를 한 대 샀죠.
- 예. 아주 잘 기억하고 있습니다.

- 그 컴퓨터를 제게 파시면서 저에게 뭐라고 하셨죠 : 이것은 최신 모델이고 가격도 1500 유로로 예외적이라고 했죠.
- 예, 제가 그렇게 부인께 말했죠.
- 제가 당신을 믿기 때문에 여기에서 멀리 떨어져 살고 있음에도 불구하고 당신에게 컴퓨터를 사기 위해 왔어요.
- 알고 있습니다.
- 그런데, 제가 우연히 어제 저의 동네 가게에서 컴퓨터를 보았어요. 내 것과 같은 모델이었는데, 가격이 1450 유로이더군요. 훨씬 쌌어요.
- 말도 안됩니다, 부인. 제가 부인께 할인 가격으로 컴퓨터를 판매했는데요.
- 믿지 못하시겠다면, 당신이 직접 확인해보세요. 여기 그 상점의 전화번호가 있으니까요.]

1) vous

[주어]	단수 : 잘 모르거나 존경의 대상	Bonjour, monsieur. Comment allez-vous?
	복수 : 2인 이상	Les copains ! Où allez-vous ?
[강세]	전치사와 함께	Je veux travailler avec vous.
	주어 앞	Vous, vous allez rester ici ?

2) avoir

j'	ai	nous	allons
tu	as	vous	allez
il, elle	a	ils, elles	vont
[-을 가지고 있다]	J'ai une voiture. [나는 차를 가지고 있다]		
[신체의 일부]	Il a mal à la tête. [그는 머리가 아프다]		
[avoir + 무관사명사 : 동사구]		avoir peur [두렵다] avoir soif [목마르다] avoir faim [배고프다] avoir chaud [덥다]	
[복합시제]		J'ai vendu ma voiture. [나는 내 차를 팔았다]	

3) exagérer

[과장하다]	Il ne faut pas exagérer quand même. [그래도 과장하면 안된다]

4) 지시형용사

남성단수	모음, 묵음의 h 의 남성단수	여성단수	남, 여 복수
ce garçon	cet homme	cette fille	ces amis, ces femmes

5) une fois

[번, 회]	combien de fois [몇 번?] une fois sur deux [두 번에 한번]
[배]	deux fois trois font six. [2 × 3 = 6]

6) 단수와 복수의 형태가 같은 명사들

-s	un bois [숲] un poids [무게] un ours [곰] un mois [月]
-x	une noix [호두] une paix [평화] une voix [목소리]
-z	un gaz [가스] un nez [코] le riz [쌀]

7) 존칭

<table>
<tr><td rowspan="2">남성</td><td>단수 : Monsieur</td><td rowspan="2">여성</td><td>단수 : Madame</td><td>단수 : Mademoiselle</td></tr>
<tr><td>복수 : Messieurs</td><td>복수 : Mesdames</td><td>복수 : Mesdemoiselles</td></tr>
</table>

8) 전치사 + 의문사의 문장

[사람]	qui	Tu pars avec qui? [너 누구와 떠나니?]
[사물]	quoi	De quoi s'agit-il? [무슨 일이야?]
[장소]	où	D'où venez-vous? [어디서 오는 길입니까?]

9) parler

<table>
<tr><td colspan="2">[자동사 : 말하다]</td><td>Elle parle beaucoup.</td></tr>
<tr><td rowspan="2">[타동사]</td><td>[à : -에게 말하다]</td><td>Je peux parler à Jean, s'il vous plaît?</td></tr>
<tr><td>[de : -에 대해 말하다]</td><td>On m'a beaucoup parlé de vous.</td></tr>
</table>

10) ça : cela 의 구어체

사물	Donnez-moi ça! [저것을 내게 주세요!]
비인칭 주어	Comment ça va? [어떻게 지내?] Ça marche, tes affaires? [사업은 잘 되니?]
의문, 부정, 긍정의 강조	Ça oui! [물론이지] Ça alors! [저런!]

11) faire

je	fais	nous	faisons
tu	fais	vous	faites
il, elle	fait	ils, elles	font
[-하다]	Ma mère fait bien le pain. [어머니는 빵을 잘 만드신다]		
[-가 되다]	Ça fait combien ? [이거 얼마죠 ?] Ça fait deux heures que j'attends Marie. [내가 마리를 기다린지 두 시간이 되었다]		
[비인칭구문 : 날씨]	Il fait beau, mauvais, du vent. [날씨가 좋다, 나쁘다, 바람분다]		
[사역적 용법]	Il m'a fait travailler. [그는 내게 일을 시켰다]		

12) contre

[-에 반대하여]	Je suis contre votre avis. [나는 당신 의견에 반대한다]
[비율 : - 대 -]	Une loi adoptée à dix voix contre sept [10표 대 7표로 가결된 법]

13) 강세인칭대명사

주어	강세	주어	강세	주어		강세	
je	moi	tu	toi	il	elle	lui	elle
nous		vous		ils	elles	eux	elles
[주어 앞]	Moi, j'achète ce livre, et toi, tu achètes ce cahier.						
[전치사 뒤]	Tu veux venir chez moi ce soir?						
[et 와 함께]	Paul et moi, nous allons au cinéma demain.						

14) calmer

[가라앉히다]	calmer une douleur (sa colère) [고통 (분노)를 가라앉히다]
se calmer	Calme-toi, je t'en prie. Ce n'est rien. [제발 진정해. 아무 것도 아냐]

15) comprendre

je	comprends	nous	comprenons
tu	comprends	vous	comprenez
il, elle	comprend	ils, elles	comprennent
[이해하다]	Vous comprenez ce que je dis? [내가 말하는 거 이해하겠어요?]		

16) ne - rien [전혀 - 아니다]

긍정	quelque chose	Vous avez mangé quelque chose? [뭐 드셨어요?]
부정	ne - rien	Non, je n'ai rien mangé. [아니오, 아무 것도 안 먹었어요]

17) ce que

<table>
<tr><td></td><td>남성단수</td><td>모음, h 의 남성단수</td><td>여성단수</td><td>남, 여 복수</td></tr>
<tr><td>형용사</td><td>ce garçon</td><td>cet homme</td><td>cette fille</td><td>ces femmes</td></tr>
<tr><td rowspan="3">대명사</td><td colspan="4">C'est un livre. Ce sont des voitures.</td></tr>
<tr><td>C'est .. qui</td><td colspan="3">C'est vous qui me l'avez dit.</td></tr>
<tr><td>C'est que</td><td colspan="3">S'il n'est pas venu, c'est qu'il est malade.</td></tr>
<tr><td>관계절</td><td colspan="4">Je ne comprends rien à ce que vous dites.</td></tr>
</table>

18) dire

je	dis	nous	disons
tu	dis	vous	dites
il, elle	dit	ils, elles	disent
[말하다]	Qu'est-ce que vous dites? [뭐라고 말씀하셨죠?]		

• 간접목적보어 인칭 대명사를 취하는 간접타동사들

<table>
<tr><td>주어</td><td>je</td><td>tu</td><td>il</td><td rowspan="2">elle</td></tr>
<tr><td>간접목적보어</td><td>me (m')</td><td>te (t')</td><td>lui</td></tr>
<tr><td>주어</td><td rowspan="2">nous</td><td rowspan="2">vous</td><td>ils</td><td>elles</td></tr>
<tr><td>간접목적보어</td><td colspan="2">leur</td></tr>
</table>

écrire à quelqu'un [-에게 편지를 쓰다]	J'écris à Marie.	Je lui écris
obéir à quelqu'un [-에게 복종하다]	Le chien obéit à son maître.	Le chien lui obéit.
parler à quelqu'un [-에게 말하다]	Paul parle à ses parents.	Paul leur parle.
téléphoner à quelqu'un [-에게 전화하다]	Elle téléphone à son ami.	Elle lui téléphone

19) 1인칭 단수 소유형용사

남성단수	모음, h 의 여성단수	여성단수	남, 여성 복수
mon chien	mon amie	ma fille	mes parents

20) 단수와 복수의 형태가 동일한 명사들

-s	un avis [의견]	un bras [팔]	un cours [수업]
	un fils [아들]	un mois [月]	un repas [식사]
-x	un noix [호두]	une paix [평화]	une voix [목소리]
-z	un gaz [가스]	un nez [코]	le riz [쌀]

21) 때

그저께	어제	오늘	내일	모레
avant-hier	hier	aujourd'hui	demain	après-demain

22) se souvenir de [-에 대해 기억하다]

23) en : 목적보어에 de를 요구하는 동사구의 간접목적보어
Ne parlons pas de cette histoire. - N'en parlons plus.

24) gérondif : en + -ant
- 원인 : En voyant son embarras, la police se fit plus aimable.
[그가 당황해하는 것을 보고, 경찰은 좀 더 부드럽게 대했다]
- 조건, 추측 : Elle réussirait mieux, en s'y prenant autrement.
[그것을 다르게 생각한다면 그녀는 더 성공할 수 있을꺼야]
- 동시성 : Ne lis pas en mangeant [먹으면서 읽지 마라]

- 양태, 방법 : C'est en forgeant qui on devient forgeron.
  [쇠를 단조하며 대장장이가 된다]

25) vendre

je	vends	nous	vendons
tu	vends	vous	vendez
il, elle	vend	ils, elles	vendent
[팔다]	Il a vendu sa maison. [그는 집을 팔았다]		

26) 지시 형용사

남성단수	모음, h 의 남성단수	여성단수	남, 여 복수
ce livre	cet oiseau	cette pomme	ces cahiers

27) récent

[최근의]	une nouvelle récente [최근 소식]	un événement récent [최근 사건]

28) exceptionel(le)

[예외의]	prime exceptionnelle [특별수당]
[특별한]	un talent exceptionnel [특별한 재능]

형용사의 여성형		
-el → -elle	formel [공식적인] → formnelle	réel [실제의] → réelle

29) comme

[-처럼]	+ 명사구	Il sera médecin comme son père.
	+ 절	Faites comme vous voulez.
[로서]		Qu'est-ce que vous prenez comme boisson?
[감탄]		Comme elle est gentille !

30) une confiance

[신뢰]	Faites-moi confiance [나를 믿으세요]	avoir confiance en [-를 신뢰하다]

31) malgré [-에도 불구하고]

+ 명사구	Malgré tout, il n'a pas réussi. [그럼에도 그는 성공 못했다]
+ que + 접속법	Il est venu malgré qu'il soit malade. [아픔에도 불구하고 왔다]

32) voir

je	vois	nous	voyons
tu	vois	vous	voyez
il, elle	voit	ils, elles	voient
[보이다]	Je vois la mer par la fenêtre. [창을 통해 바다가 보인다]		

풀이 및 해석

	Vrai	Faux	On ne sait pas
1. Mme. Durand et M. Dupont se connaissent depuis dix ans. [뒤랑부인과 뒤퐁씨는 10년전부터 알고 있다]	X		
2. M. Dupont vend aussi un téléphone portable. [뒤퐁씨는 휴대폰도 팔고 있다]			X
3. Mme Durand a acheté un ordinateur à M. Dupont parce qu'elle habite près de son magasin. [뒤랑부인은 뒤퐁씨의 가게에 가까이 살고 있기 때문에 그에게서 컴퓨터를 샀다]		X	
4. M. Dupont a vendu l'ordinateur à Mme Durand à prix fixe. [뒤퐁씨는 정가에 뒤랑부인에게 컴퓨터를 팔았다]		X	
5. L'ordinateur que le magasin de la ville de Mme Durand a vendu était un modèle différent de celui que M. Dupont a vendu. [뒤랑부인의 마을에 있는 상점에서 팔았던 컴퓨터는 뒤퐁씨가 팔았던 그것과는 다른 모델이었다]		X	
6. M. Dupont a téléphoné au magasin pour vérifier les propos de Mme Durand. [뒤퐁씨는 뒤랑부인의 말을 확인하기 위해 상점에 전화를 걸었다]			X

Première Partie

COMPRÉHENSION ORALE

■ Exercice 3

Vrai, faux, on ne sait pas? Cochez la case correpondante.

	Vrai	Faux	On ne sait pas
1. La taille de la veste que Brun a essayée est au-dessus de 38.			
2. Bruno aime le marron mais il n'y a pas sa taille dans ce magasin.			
3. Bruno est allé au magasin pour acheter le pantalon.			
4. Bruno pense que le prix du pantalon est raisonnable.			
5. La vendeuse a forcé Bruno à acheter le pantalon.			
6. Bruno a acheté le pantalon malgré le prix.			

내 용

La vendeuse : Bonjour. Je peux vous aider?
Bruno : Oui, je cherche une veste. Est-ce que je peux essayer cette veste?
La vendeuse : Bien sûr. La cabine est derrière vous.
Bruno : Comment vous la trouvez? Je pense que c'est un peu grand.
La vendeuse : Mais, c'est la mode.
Bruno : Vous n'avez pas une taille 44?
La vendeuse : Non, monsieur. Vous ne voulez pas essayer celle-ci, plutôt?
Bruno : Je n'aime pas la couleur.
La vendeuse : Je pense que le marron vous va bien!
Bruno : Oui, mais je préfère le bleu.
La vendeuse : Désolée, monsieur, mais je n'ai pas votre taille. En tout cas,essayez ce marron. Vous ne risquez rien.
Bruno : Non, merci. J'aime bien ce pantalon, il est à combien?
La vendeuse : 50 euros, Monsieur!
Bruno : Quoi! 50 euros, c'est cher!
La vendeuse : Mais, c'est un article de belle qualité. Eh bien, essayez-le! La cabine est libre.
Bruno : Non, merci. Je vais réfléchir!

여점원 : 안녕하세요. 도와드릴까요?
브뤼노 : 예. 웃옷을 찾고 있는데요. 이 웃옷을 입어봐도 될까요?
여점원 : 물론이죠. 탈의실은 손님 뒤에 있습니다.
브뤼노 : 이옷 어떻게 생각하세요 ? 제 생각에는 좀 큰 것 같은데.
여점원 : 그게 요즘 유행이거든요.
브뤼노 : 치수 38은 있나요?
여점원 : 아니오. 그것보다 이것을 한번 입어보시죠?
브뤼노 : 색깔이 마음에 들지 않아요.
여점원 : 제 생각엔 밤색이 손님께 잘 어울릴 것 같은데요.
브뤼노 : 저는 파란 색을 좋아합니다.

여점원 : 파란 색은 손님 치수가 없네요. 어쨌든 이 밤색을 한번 입어보세요. 손해보실 것은 없으시니까요. 브뤼노 : 아니오, 됐습니다. 이 바지가 마음에 드는데, 얼마죠? 여점원 : 50 유로입니다. 브뤼노 : 50 유로라구요? 비싸군요! 여점원 : 하지만, 품질이 아주 좋아요. 입어보세요. 탈의실이 비어 있으니까요. 브뤼노 : 아니오. 생각을 좀 해보구요.

1) 명사의 여성형

-(t)eur	-euse	chanteur [가수] - chanteuse danseur [무용수] - danseuse
	-rice	acteur [배우] - actrice

2) 의류에 관련된 어휘들

une robe [원피스]	une jupe [치마]	un pantalon [바지]
une chemise [셔츠]	une cravate [넥타이]	un pull-over [스웨터]

3) une cabine

[탈의실]	cabine de bain [탈의장]
[공중전화박스]	cabine téléphonique [공중전화박스]

4) derrière

[장소 : -뒤에]	Il s'est caché derrière l'arbre. [그는 나무 뒤에 숨었다]
[순서 : -다음에]	arriver derrière Paul [뽈에 이어서 도착하다]

5) mode

[남성]	[방법]	mode de vie [생활방식] mode d'emploi [사용법]
[여성]	[유행]	suivre la mode [유행을 따르다] passer de mode[유행이 지나다]

6) la taille

[키, 신장]	homme de grande(moyenne, petite) taille [키 큰(중간, 작은) 사람]
[사이즈]	Quelle taille faites-vous? [치수가 어떻게 되시죠?]

7) essayer

[시험하다]	essayer un chapeau [모자를 써보다]
[+ de + 동사원형 : -애쓰다]	Il a essayé de dormir. [그는 잠들려고 애썼다]

8) 색깔

bleu(e) [푸른 색]	blanc(he) [흰 색]	noir(e) [검은 색]
jaune [노란 색]	rouge [붉은 색]	vert(e) [초록 색]

9) préférer

je	préfère	nous	préférons
tu	préfères	vous	préférez
il, elle	préfère	ils, elles	préfèrent
[선호하다]	Je préfère la mer à la montagne. [산보다 바다를 좋아한다]		

10) risquer

[위험을 무릅쓰다]	Il a risqué sa vie pour sauver un enfant. [아이를 구하기 위해 목숨을 걸었다]

풀이 및 해석

	Vrai	Faux	On ne sait pas
1. La taille de la veste que Bruno a essayée est au-dessus de 38. [부뤼노가 입어본 옷의 치수는 38보다 크다]	X		
2. Bruno aime le marron mais il n'y a pas sa taille dans ce magasin. [부뤼노는 밤색을 좋아하지만 이 상점에는 그의 치수에 맞는 밤색이 없다]		X	
3. Bruno est allé au magasin pour acheter un pantalon. [부뤼노는 바지를 사기 위해 상점에 갔다]		X	
4. Bruno pense que le prix du pantalon estraisonnable. [부뤼노는 바지의 가격이 적당하다고 생각한다]		X	
5. La vendeuse a forcé Bruno à acheter le pantalon. [여 판매원은 부뤼노에게 바지를 사도록 강요한다]		X	
6. Bruno a acheté le pantalon malgré le prix. [부뤼노는 가격에도 불구하고 바지를 샀다]		X	

Première Partie

COMPRÉHENSION ORALE

■ Exercice 3

Vrai, faux, on ne sait pas? Cochez la case correpondante.

	Vrai	Faux	On ne sait pas
1. Sabrina connaît bien Jean parce que c'est un camarade de classe.			
2. Jean aime Sabrina qui a un petit ami.			
3. Paul conseille à Jean de regarder Sabrina sans rien dire.			
4. Paul connaît bien le caractère de Jean parce que c'est un ami d'enfance.			
5. Paul a appelé Sabrina pour donner l'occasion à Jean de parler avec elle.			
6. Sabrina a accepté d'être la petite amie de Jean.			

내 용

Jean : Paul! C'est ici!

Paul : Salut! Alors, tu as voulu me voir?

Jean : Voilà... euh... Qu'est-ce que tu penses de Sabrina?

Paul : Sabrina? Ah ! la petite blonde dans notre classe? Mais, pourquoi tu me poses cette question? Tu aimes cette fille?

Jean : Oui. Je pense que je suis tombé amoureux d'elle.

Paul : Mais je croyais qu'elle avait un petit ami.

Jean : Ils se sont quittés il y a un mois.

Paul : Alors, où est le problème? Tu n'as qu'à lui dire : Je t'aime.

Jean : Tu rigoles! Elle ne sait même pas que je suis dans la même classe qu'elle.

Paul : Qu'est-ce que tu veux?

Jean : Comme tu es mon ami d'enfance, tu sais très bien que je suis timide.

Paul : Alors, dis-moi exactement ce que tu veux.

Jean : Sabrina est la copine de ton amie, Marie. Tu ne peux pas ....

Paul : Eh Sabrina!

Sabrina : Salut, Paul! Qu'est-ce que tu fais ici?

Paul : Je suis en train de parler avec mon copain, Jean. Ça tombe bien parce que Jean a quelque chose à te dire.

Jean : Non, Paul, arrête!

Paul : Maintenant, c'est à toi de jouer. Bonne chance!

Jean : 뽈! 여기야!
Paul : 안녕, 나를 보기를 원했다면서?
Jean : 음.. 너 사브리나에 대해 어떻게 생각하니?
Paul : 사브리나? 아 우리 반에 키 작은 금발 여자애? 근데 왜 나한테 그런 질문을 하지? 너 그 아이를 좋아하니?
Jean : 응. 아무래도 내가 사랑에 빠진 것 같아.
Paul : 근데, 나는 그 애가 남자친구가 있는 걸로 알고 있었는데.
Jean : 한달 전에 헤어졌어.
Paul : 그럼 문제가 뭔데? 그 애한테 나 너 좋아해 라고 말하면 되잖아.
Jean : 장난하니? 그 애는 내가 자기와 같은 반에서 공부한다는 것 조차 모르고 있어.
Paul : 네가 원하는게 뭔데? 그 애만 쳐다보고 아무 말도 하지 말던가.
Jean : 네가 내 어릴 적 친구니까 내가 수줍음이 많다는 걸 잘 알잖아.
Paul : 그래서? 네가 원하는데 뭔지 정확히 말해봐.
Jean : 사브리나가 네 여자 친구인 마리와 친구잖아. 그러니까 네가 좀...
Paul : 어이, 사브리나!
Sabrina : 안녕, 뽈! 너 여기서 뭐하고 있니?
Paul : 내 친구인 Jean 하고 이야기하고 있는 중이야. 잘 됐다. Jean 이 너한테 하고 싶은 말이 있대.
Jean : 안돼, 뽈! 그만 둬!
Paul : 이제는 네 차례야. 행운을 빌게.

1) vouloir

je	veux	nous	voulons
tu	veux	vous	voulez
il, elle	veut	ils, elles	veulent
[+명사구]	Je veux cet ordinateur. [나는 이 컴퓨터를 원해]		
[+동사원형]	Il veut partir. [그는 떠나기를 원한다]		

2) -u 로 끝나는 과거분사들

-oir	-u (-û)	voulu(vouloir) pu(pouvoir) dû(devoir) su(savoir) vu(voir)
-re		attendu(attendre) bu(boire) cru(croire)
		rendu(rendre) vendu(vendre)

3) 1인칭 복수 소유형용사

남성단수	여성단수	남, 여성 복수
votre chien (voiture) [당신의 개 (자동차)]		vos chiens (voitures)

4) la classe

[교실]	camarade de classe [동급생] salle de classe [교실]
[수업]	suivre la classe de musique [음악 수업을 듣다]
[등급]	voyager en seconde classe [2등칸으로 여행하다]

5) 1인칭 단수 직, 간접 목적보어 인칭대명사

단수	직접	간접	복수	직접	간접
	me (m')			mes	

6) 형용사의 여성형

-x → -se	heureux [행복한] - heureuse	faux [거짓의] - fausse

7) 반과거

Je	-ais	Nous	-ions
Tu	-ais	Vous	-iez
Il, Elle	-ait	Ils, Elles	-aient

과거의 반복이나 습관적인 사실
Autrefois, il venait me voir. [옛날에, 그는 나를 보러 오곤했다]

• avoir 와 être 의 반과거

	avoir	être		avoir	être
J'	avais	étais	Nous	avions	étions
Tu	avais	étais	Vous	aviez	étiez
Il, Elle	avait	était	Ils, Elles	avaient	étaient

8) 대명동사 (les verbes pronominaux)
대명동사란 주어와 동일한 사람이나 사물을 나타내는 보어인칭대명사가 선행하는 동사를 의미하며 복합시제일 때 조동사는 항상 être이다.

① 본유적 대명동사 : 대명동사의 형태로만 존재하는 동사들

s'en aller [가다]	se souvenir de [-을 기억하다]

② 재귀적 대명동사 : 행위의 결과가 주어에게 돌아오는 경우

se lever [일어나다]	se laver [씻다]

③ 상호적 대명동사 : 주어는 항상 복수이며 상호성의 의미를 포함한다

s'aimer [서로 좋아하다]	se rencontrer [서로 만나다]

④ 수동적 대명동사 : 수동의 의미를 갖는 동사들

se vendre [팔리다]

9) même

형용사	[명사 앞 : 같은]	C'est la même chose. [그것은 같은 것이다]
	[명사 뒤 : -자신]	Il n'a pas, lui-même, les idées claires. [그 자신도 분명한 생각을 갖고 있지 않아]
부사	[-조차]	Même ses parents n'étaient pas au courant. [그의 부모조차도 알지 못했었다]

10) 파생형 부사

형용사의 여성형 + -ment

남성 형용사	여성 형용사	부 사
heureux [행복한]	heureuse	heureusement
certain [확실한]	certaine	certainement
actif [활동적인]	active	activement

11) être en train de +동사원형 : -하고 있는 중이다.
Il est en train de parler avec son père.
[그는 그의 아버지와 말하고 있는 중이다]

풀이 및 해석

	Vrai	Faux	On ne sait pas
1. Sabrina connaît bien Jean parce que c'est un camarade de classe. [사브리나는 장을 잘 알고 있는데 왜냐하면 그의 같은 반 학우이기 때문이다]		X	
2. Jean aime Sabrina qui a un petit ami. [장은 애인이 있는 사브리나를 좋아한다]		X	
3. Paul conseille à Jean de regarder Sabrina sans rien dire. [뽈은 장에게 아무 말도 하지 않은 채 사브리나를 쳐다보라고 충고한다]		X	
4. Paul connaît bien le caractère de Jean parce que c'est un ami d'enfance. [뽈은 장의 성격을 잘 아는데 왜냐하면 그와는 어릴 적 친구이기 때문이다]	X		
5. Paul a appelé Sabrina pour donner l'occasion à Jean de parler avec elle. [뽈은 장이 사브리나와 말할 수 있는 기회를 주기 위해 사브리나를 불렀다]		X	
6. Sabrina a accepté d'être la petite amie de Jean. [사브리나는 장의 애인이 되는 것을 허락했다]			X

Première Partie
COMPRÉHENSION ORALE

■ Exercice 3

Vrai, faux, on ne sait pas? Cochez la case correpondante.

	Vrai	Faux	On ne sait pas
1. L'anniversaire de Béatrice est le vendredi 29.			
2. Le nombre des invités était de 16 au début.			
3. Sa mère a fait les courses ce matin avec Béatrice.			
4. La mère de Béatrice a acheté toutes les boissons nécessaires sans rien oublier.			
5. Il y a de la charcuterie dans la liste des choses à acheter.			
6. Les amis de Béatrice se sont bien amusés chez elle.			

내 용

Vendredi 29 juillet. Demain, c'est l'anniversaire de Béatrice et elle a invité ses amis chez elle.

La mère : Tu as ta liste d'invitations?
Béatrice : Oui, la voilà.
La mère : 16, 17. 18. Vous êtes 18?
Béatrice : Oui. J'ai ajouté deux noms.
La mère : Ça fait beaucoup de monde!
Béatrice : Tu n'as pas encore fait les courses?
La mère : Si. Je suis allée au supermarché ce matin et j'ai déjà acheté onze grandes bouteilles de Coca-cola, cinq bouteilles de jus d'orange et quatre d'eau minérale. Je crois que je n'ai rien oublié.
Béatrice : On ne prend que des boissons ? Tu n'as pas pris de pain?
La mère : Si, j'en ai pris. Il y a onze baguettes et je pense que ça suffira. Maintenant, il faut acheter des choses à manger. Faisons la liste des choses à manger :

- du beurre
- du fromage
- des fruits pour une grande salade de fruits
- de la glace à la vanille et au chocolat
- 3 kilos de petits gâteaux.

Béatrice : C'est trop lourd, tout ça!
La mère : Voyons ma chèrie! Tout ça, c'est pour toi, non?
Et maintenant, au travail ! On a encore des courses à faire.

7월 29일 금요일. 내일은 베아트리스의 생일이어서 그녀는 집에 친구들을 초대했다.

엄마 : 너 초대 목록 가지고 있니?
베아트리스 : 응, 여기 있어.
엄마 : 16, 17, 18. 너희들 18명이니?
베아트리스 : 응, 두 명을 추가했어.
엄마 : 사람이 많네!
베아트리스 : 엄마 아직 장 보지 않았어?
엄마 : 봤지. 오늘 아침에 수퍼에 가서 큰 코카-콜라 11병, 오렌지 쥬스 5병, 탄산수 4병을 샀지. 하나도 잊어버린 게 없는 것 같아.
베아트리스 : 우리 음료수만 먹으라구? 빵 안 샀어?
엄마 : 샀지. 바게뜨 11개를 샀어. 내 생각엔 충분할 것 같아. 이제 먹을 것을 사야해. 먹을 것 목록을 작성해보자.

- 버터
- 치즈
- 큰 과일 샐러드를 위한 과일
- 바닐라 아이스크림하구 초코렛
- 작은 케익들 3킬로

베아트리스 : 이거 전부 너무 무거워!
엄마 : 애야, 베아트리스! 이거 다 너를 위해서야, 그렇지 않니?
자, 이제 일해야지. 아직 장볼게 남아 있잖아.

1) un anniversaire [기념일]

anniversaire de mon mariage [내 결혼 기념일]	Joyeux anniversaire! [생일 축하합니다!]

2) 복합과거

자동사	être + 과거분사	Elle est partie ce matin. [그녀는 오늘 아침에 떠났다]
타동사	avoir + 과거분사	Il a rencontré son ami. [그는 친구를 만났다]

• 자동사의 복합과거의 경우 과거분사는 주어의 성과 수에 일치한다.

Il (Elle) est entré(e) dans la chambre. [그(녀)는 방으로 들어갔다]

3) 소유형용사

	남성단수	모음, h의 여성 단수	여성단수	남, 여 복수
1인칭 단수	mon		ma	mes
2인칭 단수	ton		ta	tes
3인칭 단수	son		sa	ses
1인칭 복수	notre		nos	
2인칭 복수	votre		vos	
3인칭 복수	leur		leurs	

4) 부정의문문

si	[부정의문문에 대한 긍정의 답변]	Tu n'as pas froid?	Si, j'ai froid.
non	[부정의문문에 대한 부정의 답변]		Non, je n'ai pas froid.

5) ne - rien : [전혀 - 아니다 : 부정을 나타내는 표현들]

① aucun(e) : ne 와 함께 부정 (négation) 의 의미로 사용되며 사람과 사물을 나타낸다.

Parmi ces livres, aucun ne me plaît.
[이 책들 중에서 하나도 내 마음에 들지 않는다]

② personne (불변) : 사람만을 나타낸다.

Il n'y a personne dans cette maison. [이 집에는 아무도 없다]

③ rien (불변) : 사물을 나타낸다.

Je n'entends rien. [아무 소리도 들리지 않아]

6) ne - que [=seulement)

[단지 -일 뿐이다]	Il n'a qu'un fils. [그는 아들만 있다]

7) Il faut + 동사원형

[-해야만 한다]	Il faut partir tout de suite. [지금 떠나야 해]

8) en

① 부정관사 혹은 부분관사가 선행한 명사

Tu as un chien? Oui j'en ai un.
[너 개 가지고 있니?] [응, 한 마리를 가지고 있어]
Vous avez des enfants? Oui, j'en ai deux.
[아이들이 있어요?]   [예, 두 명 있습니다]
Tu as de la chance. Tu en as toujours.
[너는 운이 좋구나. 너는 항상 그래]

② 전치사 de 가 선행하는 사물명사

Je m'occupe de ces affaires. = Je m'en occupe.
[내가 그 일을 맡을게]
Il s'occupe de sa mère. = Il s'occupe d'elle.
[그는 어머니를 돌본다]

③명사의 보어

Tu as vu l'émission sur les animaux hier?
[너 어제 동물들에 대한 방송을 봤니?]
J'en ai vu une partie seulement. [=une partie de l'émission]
[단지 일부만 봤어]

9) 부분관사

전체의 일부를 나타내는 관사로서, 명사가 셀 수 없는 경우에 사용한다.

남성단수	여성단수	모음, 묵음의 h 의 남, 여 단수명사
de + le → du	de la → de la	de l'

① 셀 수 없는 물질명사와 추상명사 앞

물질명사	du sucre [설탕]	de la farine [밀가루]	de l'alcool [알콜]
	de l'eau [물]	du thé [차]	du café [커피]
	du vin [포도주]	de la bière [맥주]	
추상명사	du courage [용기]	de la force [힘]	de l'espoir [희망]
	de l'énergie [에너지]	de la musique [음악]	

② faire 동사가 [실제로 무엇인가를 직접 하는 것] 의 의미일 경우, 뒤에 부분관사를 쓴다:

faire du tennis [테니스를 치다]
du football [축구를 하다]
du piano [피아노를 치다]

풀이 및 해석

	Vrai	Faux	On ne sait pas
1. L'anniversaire de Béatrice est le vendredi 29. [베아트리스의 생일은 29일 금요일이다]	X		
2. Le nombre des invités était de 16 au début. [초대손님들의 수는 처음에는 16명이었다]	X		
3. Sa mère a fait les courses ce matin avec Béatrice. [베아트리스의 어머니는 오늘 아침 베아트리스와 함께 장을 보았다]		X	
4. La mère de Béatrice a acheté toutes les boissons nécessaires sans rien oublier. [베아트리스의 어머니는 잊어버린 것 하나없이 모든 필요한 음료수를 샀다]	X		
5. Il y a du poisson dans la liste des choses à acheter. [사야 할 물건들의 목록에는 생선이 있다]		X	
6. Les amis de Béatrice se sont bien amusés chez elle. [베아트리스의 친구들은 그녀 집에서 재미있게 놀았다]			X

Première Partie

COMPRÉHENSION ORALE

■ Exercice 5

Vrai, faux, on ne sait pas ? Cochez la case correpondante.

	Vrai	Faux	On ne sait pas
1. Les deux jeunes ont le même âge.			
2. Ils habitent à Joinville tous les deux.			
3. Ils sont dans le même lycée.			
4. Marie adore la danse et la musique.			
5. Pierre n'aime pas la danse et il adore le cinéma.			
6. Marie plaît beaucoup à Pierre.			

내 용

Marie : Bonjour, comment t'appelles-tu?
Pierre : Bonjour, je m'appelle Pierre. et toi?
Marie : Moi, je m'appelle Marie et j'ai 17 ans.
Pierre : Moi aussi. Tu es lycéenne?
Marie : Oui, je suis en seconde au lycée Henri IV, et toi?
Pierre : Je suis en première au lycée Pasteur.
Marie : Qu'est-ce que tu aimes faire, toi ? Moi, j'adore la danse et la musique.
Pierre : Moi, je déteste la danse. Par contre, le cinéma et les sports avec mes copains, alors ça c'est génial. Nous jouons au football tous les dimanches.
Marie : Ah oui ? Dans quel stade?
Pierre : Au stade Joinville le Pont. Tu connais?
Marie : Non, je viens d'arriver de Nice, je ne connais pas bien Paris.
Pierre : Il est déjà 5h et je dois m'en aller. Salut, à bientôt.

마리 : 안녕. 너 이름이 뭐니?
삐에르 : 안녕. 내 이름은 삐에르야. 너는?
마리 : 나는 마리고, 17살이야.
삐에르 : 나도 그래. 너 고등학생이니?
마리 : 응. 난 앙리 4세 고등학교 2학년인데, 너는?
삐에르 : 난 파스퇴르 고등학교에 1학년이야.
마리 : 너 뭐하는 것을 좋아하니? 나는 춤하고 음악을 아주 좋아해.
삐에르 : 나는 춤을 아주 싫어해. 반면에 친구들과 보는 영화와 운동은 아주 좋아. 우린 매주 일요일에 축구를 해.
마리 : 아 그래 ? 어떤 운동장에서?
삐에르 : 주앙빌 르 뽕의 운동장에서. 너 알아?
마리 : 아니, 난 니스에서 온지 얼마 되지 않아서 파리를 잘 몰라.
삐에르 : 벌써 5시네. 이제 가야겠어. 다음에 보자.

1) 학교와 학생

초등학교	중학교	고등학교	대학교
école primaire	collège	lycée	université
écolier(ère)	collégien(ne)	lycéen(ne)	étudiant(e)

2) 기호도

aimer (+)	aimer beaucoup (bien) (++)	adorer (+++)
ne pas aimer (-)	ne pas aimer beaucoup (--)	détester (---)

3) 속어

아버지 [père]	어머니 [mère]	삼촌 [oncle]	할아버지 [grand-père]
아빠 [papa]	엄마 [maman]	tonton	pépé, papi

4) 서수 : [-번째]에 해당하는 수로서 기수 + ième 형태이다.

첫 번째	premier (première)	두 번째	deuxième (seconde)
세 번째	troisième	네 번째	quatrième

a) 형용사로서 속사 또는 부가사의 기능을 한다 :
L'équipe coréenne a terminé à la quatrième place à la Coupe du monde.
[한국팀이 세계 대회에서 4위를 차지했다]

b) 한정사 (관사, 소유형용사, 지시형용사 등) 가 선행할 수 있다 :
Mon deuxième fils est professeur. [내 둘 째 아들은 선생이다]

5) 근접과거 : venir de + 동사원형 [막 -하다]
Le train vient d'arriver. [기차가 막 도착했다]

풀이 및 해석

	Vrai	Faux	On ne sait pas
1. Les deux jeunes ont le même âge. [두 젊은이들은 동갑이다]	X		
2. Ils habitent à Joinville tous les deux. [그들은 둘 다 주엥빌에 살고 있다]		X	
3. Ils sont dans le même lycée. [그들은 같은 고등학교에 다닌다]		X	
4. Marie adore la danse et la musique. [마리는 무용과 음악을 아주 좋아한다]	X		
5. Pierre n'aime pas la danse et il adore le cinéma. [삐에르는 춤을 좋아하지 않고 영화를 아주 좋아한다]	X		
6. Marie plaît beaucoup à Pierre. [마리는 삐에르에 대해 맘에 들어한다]			X

DEUXIÈME PARTIE

독해평가(Compréhension écrite)

- 각종 게시판이나 광고물, 안내문이나 경고문을 중심으로 이 상징물들이 의미하는 내용을 정확히 파악하고 있는지를 묻는 문제
- 신문 기사의 타이틀을 보고 그 기사의 내용을 추론해내는 문제
- 신문 기사에서 정치, 경제, 문화, 사회, 예술 분야에 관계되는 기사들을 읽고 그 내용을 정확히 이해하고 있는지를 묻는 문제
- 보기가 주어지고 기사에 해당하는 내용을 고르는 객관식 성향의 문제
- 기사내용의 일부를 발췌하여 명제를 주고 그를 입증할 수 있는 내용을 본문에서 찾게하는 문제

DEUXIÈME PARTIE : Exercice 1 유형의 주요 구성 분석

1) **학교 주변에 설치되어 있는 속도 제한에 관한 경고 게시판**

- 속도를 줄이라는 표지판
- 건널목 표시가 있는 표지판

2) **스포츠 센타에 붙어 있는 안내문**

- 개장시간과 폐장 시간을 알리는 안내문
- 휴무일을 알리는 안내문

3) **식당 또는 상점 앞에 있는 안내문**

- 휴무일을 알리는 안내문
- 특선메뉴나 할인 판매를 소개하는 안내문

4) **공사중인 곳에 있는 안내문**

- 공사중 불편을 드리는 것을 사과하는 안내문
- 위험한 곳이니 출입을 자제하라는 안내문

5) **물가에 붙어 있는 경고문**

- 수영이나 낚시를 금한다는 경고 표지판
- 자동차가 빠질 위험이 있다는 경고 표지판

6) **운전에 관한 경고문**

- 빗길이나 눈길에 미끄러지기 쉬운 지역을 알리는 표지판
- 속도 제한을 나타내는 표지판
- 일방통행을 알리는 표지판
- 주차 장소가 경찰차나 소방차로 한정된다는 것을 알리는 표지판

Deuxième Partie

COMPRÉHENSION ÉCRITE

■ Exercice 1

Lire les annonces ou les instructions

a) Banque ouverte
de 9 h à 17 h

b) Entrée interdite aux enfants

c) Poste ouverte
du lundi au vendredi
le matin de 8 h 45 à 12 h 15
l'après-midi de 13 h 30 à 17 : 30

d) Défense de stationner

e) Priorité aux piétons!

Pour les phrases 1 à 5, indiquez dans le tableau la lettre correspondante.

1. On ne peut pas envoyer de colis le week-end.	
2. Vous devez chercher une autre place pour garer votre voiture.	
3. Vous ne pouvez pas entrer avec votre fils de 7 ans.	
4. Il faut attendre pour laisser passer les piétons.	
5. On ne peut pas venir le matin tôt pour ouvrir un compte.	

내 용

Banque ouverte de 9 h à 17 h	[은행 문 여는 시간 : 9시에서 17시까지]
Entrée interdite aux enfants	[어린애들은 출입을 금함]
Poste ouverte du lundi au vendredi le matin de 8 h 45 à 12 h 15 l'après-midi de 13 h 30 à 17 : 30	[8시 45분부터 12시 15분, 13시 30분부터 17시 30분까지 월요일부터 금요일까지 우체국 근무]
Défense de stationner	[주차금지]
Priorité aux piétons!	[보행자 우선!]

1) une banque

[은행]	ouvrir un compte en banque [은행에 구좌를 개설하다]
	dépôt en banque [은행 잔고]

2) ouvrir

j'	ouvre	nous	ouvrons
tu	ouvres	vous	ouvrez
il, elle	ouvre	ils, elles	ouvrent
[열다]	On ouvre ici le dimanche. [우린 일요일에도 영업을 합니다]		
[시작하다]	ouvrir une campagne [캠페인을 시작하다]		

3) entrer [들어오다] : 자주 사용되는 자동사들

partir [떠나다]	arriver [도착하다]	entrer [들어오다]	sortir [외출하다]
naître [태어나다]	mourir [죽다]	monter [올라가다]	descendre [내려가다]
aller [가다]	venir [오다]	courir [달리다]	marcher [걷다]

4) interdire

[금지하다]	interdire à quelqu'un quelque chose	Je vous interdis l'alcool. [당신이 술 마시는 것을 금합니다]
	interdire à quelqu'un de + 동사원형	Je vous interdis de sortir. [외출하는 것을 금합니다]
	Il est interdit de + 동사원형	Il est interdit de fumer ici. [여기는 금연입니다]

5) enfant [아이] : 남성과 여성의 형태가 동일한 명사들

adversaire [적수]	locataire [세입자]	dentiste [치과의사]	novice [초심자]
camarade [동무]	élève [제자]	témoin [증인]	artiste [예술가]
touriste [관광객]	esclave [노예]	collègue [동료]	enfant [아이]
concierge [수위]		propriétaire [소유자]	

6) la défense

[방어, 수호]	légitime défense [정당방어]
[금지]	défense de fumer [금연], d'entrer [출입금지] défense absolue d'afficher [광고지 부착 금지]

7) la priorité

[우선권]	laisser la priorité à un véhicule [어떤 차에게 우선권을 주다] la priorité à droite [우측 차량 우선]

8) piéton(ne) [보행자]

		남성	여성	남성	여성
	+ -e	ami [친구]	amie	étudiant [학생]	étudiante
-on	-onne	lion [사자]	lionne	espion [스파이]	espionne
-(i)en	-(i)enne	chien [개]	chienne	gardien [문지기]	gardienne
-f	-ve	veuf [홀아비]	veuve	fugitif [도망자]	fugitive
-x	-se	époux [남편]	épouse		
-teur	-teuse	chanteur [가수]	chanteuse	danseur [무용가]	danseuse
	-trice	acteur [배우]	actrice	directeur [책임자]	directrice

풀이 및 해석

1. On ne peut pas envoyer de colis le week-end. [우린 주말에는 우편물을 보낼 수 없다]	c)
2. Vous devez chercher une autre place pour garer votre voiture. [당신은 자동차를 주차시키기 위해서는 다른 장소를 찾아야 한다]	d)
3. Vous ne pouvez pas entrer avec votre fils de 7 ans. [당신은 7살된 당신 아들과 함께 들어갈 수 없다]	b)
4. Il faut attendre pour laisser passer les piétons. [걸어서 가는 사람들이 지나갈 수 있도록 기다려야 한다]	e)
5. On ne peut pas venir le matin tôt pour ouvrir un compte. [구좌를 개설하기 위해서는 아침 일찍 가서는 안된다]	a)

1) envoyer [보내다] :

ayer, -oyer, uyer 로 끝나는 동사들 (ennuyer, envoyer, nettoyer)

je	-aie	-oie	-uie	nous	-ayons	-oyons	-uyons
tu	-aies	-oies	-uies	vous	-ayez	-oyez	-uyez
il, elle	-aie	-oie	-uie	ils, elles	-aient	-oient	-uient

2) devoir [-해야만 한다] : 동사원형을 요구하는 준조동사들

devoir	je dois	tu dois	il doit	nous devons	vous devez	ils doivent
pouvoir	je peux	tu peux	il peut	nous pouvons	vous pouvez	ils peuvent
vouloir	je veux	tu veux	il veut	nous voulons	vous voulez	ils veulent

3) autre

[다른]	Donnez-moi un autre verre. [다른 잔을 주세요]
[부정관사 +autre +시간명사 : 미래]	Venez un autre jour. [다른 날 오세요]
[정관사 +autre +시간명사 : 과거]	l'autre fois [지난 번] l'autre jour [전날]

4) une place

[자리]	Mettez chaque chose à sa place. [물건을 제 자리에 두세요]
[좌석]	place vide [빈 좌석] réserver sa place [좌석을 예약하다]
[광장]	place de la Concorde [콩코르드 광장]

5) 단수와 복수의 형태가 동일한 명사들

-s	fils [아들], poids [무게], bois [숲], fois [번], mois [달]
-x	choix [선택], voix [목소리]
-z	gaz [가스], nez [코]

6) faire [+동사원형 : -하게 하다]

[직접목적어보어가 동사원형의 주어]	Faites venir le médecin. [의사를 오라고 하세요]
[직접목적보어가 동사원형의 보어]	J'ai fait construire une maison. [나는 집을 짓게 했다]

7) 단순형태의 관계대명사

① qui

a) 주어, 사람의 전치사보어

J'ai un ami. Il vient de Corée.

- J'ai un ami qui vient de Corée.
[나는 한국에서 온 친구가 있다]

Un client qui est satisfait.. [만족한 손님]

C'est un collaborateur sur qui on peut compter.
[그는 우리가 믿을 수 있는 협력자다]

b) ce qui + 비인칭 동사 : ce qui 는 주어인 경우, ce qu'il 은 직접목적보어의 경우 에 사용한다.

Raconte-moi ce qui s'est passé. [무슨 일이 일어났는지 나에게 말해줘]

Volà ce qu'il reste. [이게 남은 것이야]

② que : 직접목적어, 속사

L'itinéraire que je suis [내가 간 여정]

Le grammairien qu‘il était [그는 문법학자였다]

Deuxième Partie

COMPRÉHENSION ÉCRITE

■ Exercice 1

Lire les annonces ou les instructions

a) Ne pas déranger.

b) En cas de panne ne pas ouvrir l'appareil. Faire appel à un spécialiste.

c) Défense absolue de se baigner

d) Stationnement interdit de 20 à 24 h.

e) Réservé aux voitures de pompiers.

Pour les phrases 1 à 5, indiquez dans le tableau la lettre correspondante.

Vous ne devez pas garer votre voiture.	
Vous ne devez pas essayer de réparer la machine.	
Vous ne devez pas entrer.	
Vous pouvez garer votre voiture le matin.	
Vous ne devez pas nager.	

내 용

Ne pas déranger.	[방해하지 말것]
En cas de panne ne pas ouvrir l'appareil. Faire appel à un spécialiste.	[고장이 난 경우 기계를 열지 마시오. 전문가를 부르시오]
Défense absolue de se baigner	[해수욕 절대 금지]
Stationnement interdit de 20 à 24 h.	[20시부터 24시까지 주차 금지]
Réservé aux voitures de pompiers.	[소방서 차량에 한해 주차]

1) 부정법 (l'infinitif) 문장의 경우 ne...pas 의 위치는 다음과 같다
   - ne pas + 현재분사 또는 과거분사의 부정법
     Je t'ai dit de ne pas sortir tout seul.
     [내가 너에게 혼자 나가지 말라고 말했지]
   - ne pas + 원형의 조동사 + 분사 (ne + 원형의 조동사 + pas + 분사)
     Je regrette de ne pas avoir acheté cette voiture.
     [나는 이 차를 사지 않았던 것을 후회한다]
     Je regrette de ne pas vous avoir rencontré plus tôt.
     [나는 당신을 조금더 일찍 만나지 않은 것을 후회합니다]

2) déranger

[방해하다]	Excusez-moi de vous déranger. [방해해서 미안합니다]

3) en cas de

[-의 경우에]	Appelez-moi en cas d'urgence. [위급한 경우 날 부르세요]

4) absolu(e)

[절대적인]	majorité absolue [절대 다수]
[완전한]	silence absolue [완전한 침묵]

풀이 및 해석

Vous ne devez pas garer votre voiture. [당신을 차를 주차시킬 수 없습니다]	e)
Vous ne devez pas essayer réparer la machine. [당신은 기계를 고치려고 해서는 안됩니다]	b)
Vous ne devez pas entrer. [당신은 들어가서는 안됩니다]	a)
Vous pouvez garer votre voiture le matin. [당신은 아침에 자동차를 주차시킬 수 있습니다]	d)
Vous ne devez pas nager. [당신은 수영을 해서는 안됩니다]	c)

1) essayer

[+명사]	essayer un vin [포도주를 시음하다]
[essayer de +동사원형]	Elle a essayé de dormir. [그녀는 잠들려 애썼다]

2) 정관사의 용법

분포적 의미를 갖는 요일 혹은 무게나 치수 명사 앞

Il vient le lundi. [= chaque lundi] [그는 매주 월요일에 온다]

3 euros le kilo [킬로당 3키로]

le lundi = tous les lundis [매주 월요일] <> lundi = ce lundi [이번 주 월요일]

Deuxième Partie

COMPRÉHENSION ÉCRITE

■ Exercice 1

Lire les annonces ou les instructions

a) 

b) 

c) 

d) 

e) 

f) 

Pour les phrases 1 à 5, indiquez dans le tableau la lettre correspondante.

Vous ne devez pas conduire trop vite.	
Vous ne devez pas dépasser la voiture devant vous.	
Vous devez faire attention aux enfants.	
Vous ne pouvez pas tourner à droite.	
Vous ne pouvez pas entrer ici avec votre vélo.	

풀이 및 해석

Vous ne devez pas conduire trop vite. [당신은 너무 빨리 운전하면 안된다]	a)
Vous ne devez pas dépasser la voiture devant vous. [당신은 당신 앞에 있는 차를 추월해서는 안된다]	d)
Vous devez faire attention aux enfants. [당신은 아이들을 조심해야 한다]	e)
Vous ne pouvez pas tourner à droite. [당신은 오른 쪽으로 돌 수 없다]	d)
Vous ne pouvez pas entrer ici avec votre vélo. [당신은 여기에 당신 자전거를 가지고 들어갈 수 없다]	f)

1) conduire

[인도하다]	conduire quelqu'un à la gare [-를 역으로 데리고 가다]
[운전하다]	Il conduit bien. [그는 운전을 잘 한다]

2) trop

[너무]	Il mange trop. [그는 너무 많이 먹어]
trop - pour - [-하기에 너무 -하다]	Il est trop jeune pour faire ça. [그것을 하기에 그는 너무 젊어]

3) devant

① [장소] : [-앞에서]

Regardez devant vous! [앞을 보세요!]

② [-의 면전에서]

Ce n'est pas facile de parler devant le public.
[사람들 앞에서 말하는건 쉽지 않아요]
Tous les hommes sont égaux devant la loi.
[만인은 법 앞에 평등합니다]

③ [-의 전도에]

Il a un bel avenir devant lui. [그는 전도가 양양해]

4) 방향에 관계되는 표현들

<table>
<tr><td>aller</td><td colspan="6" rowspan="2">tout droit [곧장 가다]</td></tr>
<tr><td>continuer</td></tr>
<tr><td>prendre</td><td></td><td rowspan="3">la</td><td>première [첫 번째]</td><td rowspan="3">rue</td><td rowspan="3">à</td><td>gauche [왼쪽으로]</td></tr>
<tr><td rowspan="2">tourner</td><td rowspan="2">à</td><td>deuxième [두 번째]</td><td>droite [오른 쪽으로]</td></tr>
<tr><td>troisième [세번 째]</td><td></td></tr>
</table>

DEUXIÈME PARTIE : Exercice 2 유형의 주요 구성 분석

정치, 경제, 사회, 문화, 스포츠 등과 관련된 신문 기사들의 소제목을 보고 어느 분야에 속하는 기사인지 알아맞히는 문제로서 각 분야에서 많이 사용되는 어휘들을 숙지하는 것이 필요하다. 어휘들과 관계되는 분야를 살펴보면 대략 다음과 같다 :

- gouvernement [정부], politique [정치], partie [정당] 등의 단어들 나오는 경우 정치와 관계된 기사일 확률이 높다.
- exportation [수출], importation [수입] 등의 어휘와 숫자를 이용한 통계자료는 주로 경제와 관계있다.
- problème [문제], société [사회] 등의 어휘는 사회면과 관계 깊다.
- cinéma [영화], théâtre [연극], culture [문화] 등의 어휘는 문화면과 관계있다.
- 유명한 스포츠 선수의 이름, football[축구], course [경주] 등의 어휘는 스포츠와 관계있다.

Deuxième Partie

COMPRÉHENSION ÉCRITE

■ Exercice 2

Lire pour se repérer

Lisez chaque titre et inscrivez le chiffre qui lui correspond dans la rubrique appropriée : politique, sports, société, science.

Le Monde.fr

1. Zidane sera capitaine de l'équipe de France où Lilian Thuram effectuera son retour.
2. Pour la première fois sous la Ve République, la France a répondu non à un référendum sur l'Europe.
3. Le report de la date d'ouverture de la chasse au gibier d'eau mécontente les chasseurs.
4. L'épidémie de grippe aviaire s'approche de l'Europe.

Politique	Sports	Société	Science

내 용

Lisez chaque titre et inscrivez le chiffre qui lui correspond dans la rubrique appropriée : politique, sports, société, science.
[각 제목을 읽고 적당한 항목에 해당하는 것의 숫자를 쓰시오 : 정치, 스포츠, 사회, 과학]

1) lire

je	lis	nous	lisons
tu	lis	vous	lisez
il, elle	lit	ils, elles	lisent
[읽다]	Avez-vous quelque chose à lire? [읽을 만한 것 있으세요?]		

2) chaque
전체 중 [하나, 하나]를 의미하는데, 항상 한정사 없이 쓰이며 단수 명사가 뒤에 위치한다. 또한 남성과 여성의 형태가 동일하며 사람과 사물을 나타낸다
Chaque jour, il prend le métro à 9 heures. [매일, 그는 9시에 전철을 탄다]
Chaque année, beaucoup d'enfants meurent de faim.
[매년 많은 아이들이 기아로 죽어간다]

3) s'inscrire

[가입, 등록하다]	s'inscrire à l'université [대학에 등록하다]

4) un chiffre

[숫자]	nombre à deux chiffres [두 자리 숫자] le chiffre des naissances [출생자 수]

5) une rubrique

[항목, 기사부문]	rubrique des faits divers [사회면]

6) approprié(e)

[적합한]	remède approprié [잘 맞는 약]

풀이 및 해석

Le Monde.fr

1. Zidane sera capitaine de l'équipe de France où Lilian Thuram effectuera son retour.
[지단은 릴리안 뚜람이 돌아오는 프랑스 팀의 주장이 될 것이다]
2. Pour la première fois sous la Ve République, la France a répondu non à un référendum sur l'Europe.
[5공화국 이래 처음으로, 프랑스는 유럽에 대한 국민투표에서 반대표로 응했다]
3. Le report de la date d'ouverture de la chasse au gibier d'eau mécontente les chasseurs.
[물새사냥의 개시날짜에 대한 연기는 사냥꾼들을 불만족하게 했다]
4. L'épidémie de grippe aviaire s'approche de l'Europe.
[조류독감 전염병이 유럽에 접근한다]

Politique	Sports	Société	Science
2	1	3	4

1) 단순미래

Je	-rai	Nous	-rons
Tu	-ras	Vous	-rez
Il, Elle	-ra	Ils, Elles	-ront

- 사건이나 사실이 말하는 순간 이후에 일어날 때
  Je partirai demain. [나는 내일 떠날꺼야]
- 완곡한 명령적 표현
  Vous emmènerez les enfants se promener.
  [아이들을 산책시키러 데리고 가세요]

	être	avoir	faire		être	avoir	faire
je (j')	serai	aurai	ferai	nous	serons	aurons	ferons
tu	seras	auras	feras	vous	serez	aurez	ferez
il, elle	sera	aura	fera	ils, elles	seront	auront	feront

2) une équipe

[작업의 팀]	chef d'équipe [반장] équipe de secours [구조반]
[운동 팀]	équipe de France de football [프랑스 축구팀]

3) 서수들

① 숫자에 -ème를 붙여 만든다.

deux - deuxième trois - troisième

② 21e (vingt et unième), 31e (trente et unième), 41 (quarante et unième)

Au concours, il a été reçu vingt et unième sur deux cents candidats.
[대회에서 그는 200명의 후보자 중 21위를 했다]

③ 형용사로서 서수는 속사 (attributs) 또는 부가사 (épithètes)의 기능을 하는데, 역할에 따라 의미가 바뀐다

L'équipe chinoise est arrivée première.
[속사 : 중국 팀이 맨 먼저 (선두로) 도착했다]
La première équipe était japonaise. [첫번째 팀은 일본 팀이었다]

④ 한정사(관사, 소유형용사 또는 지시형용사)가 선행할 수 있다

Mon deuxième enfant a gagné le grand prix au concours.
[내 두 번째 아이가 경연대회에서 대상을 받았어]

4) fois

[번, 회]	une fois sur deux [두 번에 한 번] deux fois par semaine [일주일에 두 번]
[배]	Trois fois quatre font douze. [3 X 4 = 12]

5) sous

① [공간적 위치]

a) [-아래에, 밑에]

Le chat est sous la chaise. [그 고양이는 의자 밑에 있어]

b) [-안에, 속에]

L'avion a disparu sous les nuages. [비행기가 구름 속으로 사라졌다]

② [외관 : -을 입고, -형태로, -으로]

Il m'a évité sous un prétexte quelconque.
[그는 이리 저리 핑계로 나를 피했다]

③ [작용, 영향]

Il a attendu Marie sous la pluie. [그는 비 속에서 마리를 기다렸다]

④ [-의 보호하에]

Il est sous la protection de ses parents adoptifs.
[그는 양부모의 보호하에 있어]

⑤ [-시대에]

C'était une belle époque sous Louis XIV.
[루이 14세 치하에서는 좋은 시절이었지]

6) 명사의 성 : 특정한 의미에 따라 구분되는 성

여성	병명	la grippe [유행성 감기] la typoïde [장티푸스]
	학문	la médecine [의학] la politique [정치학]
	축제	la Toussaint [만성절] la Saint-André [앙드레 성축일]
	-eur 추상명사	la candeur [순진함] la valeur [가치]
남성	나무	le chêne [떡갈나무] le tilleul [보리수]
	금속, 화학물질	le fer [철] le cuivre [구리]
	요일, 달, 계절,	le lundi [월요일] un avril [4월] un été [계절]
	바람, 방위	le zéphyr [서풍] le noroît [북서풍] le mistral [북풍] le nord [북쪽] le sud [남쪽]
	숫자, 철자, 음계	le huit [8] un B [B] un do [도]
	부정법형태	le dîner [저녁식사] le déjeuner [아침식사]
	불변하는 단어	le bien [선] le mal [악]

Deuxième Partie
COMPRÉHENSION ÉCRITE

■ Exercice 2

Lire pour s'orienter

Lisez chaque titre et inscrivez le chiffre qui lui correspond dans la rubrique appropriée : politique, culture, santé, sciences, sports, économie.

Le Figaro.fr

1. Les jeunes fument moins mais boivent plus. De grandes disparités de comportement existent selons les régions.
2. Le PS aborde avec prudence le débat sur l'immigration.
3. En France, les prix à la consommation progressent de 0,3% en octobre.
4. Les joueurs de l'Olympique Lyonnais se sont imposés 1-0 à domicile face à Strasbourg lors du dernier match de la deuxième journée de Ligue 1.
5. Snuppy est le nom donnée au premier chien cloné par des biologistes sud-coréen de l'Université de Séoul.
6. Le chanteur cubain Ibrahim Ferrer, un des membres les plus célèbres du groupe musical mythique <Buena Vista Social Club>, est mort hier à la Havane à l'âge de 78 ans.

Politique	Culture	Santé	Science	Sports	Économie

풀이 및 해석

Le Figaro.fr

1. Les jeunes fument moins mais boivent plus. De grandes disparités de comportement existent selons les régions.
[젊은이들은 담배를 덜 피지만 술은 더 많이 마신다. 그리고 행동의 커다란 부조화가 지역에 따라 존재한다]
2. Le PS aborde avec prudence le débat sur l'immigration.
[사회당은 이민에 대한 논쟁에 조심스럽게 접근하고 있다]
3. En France, les prix à la consommation progressent de 0,3% en octobre.
[프랑스에서 소비가격은 10월달에 0,3% 증가한다]
4. Les joueurs de l'Olympique Lyonnais se sont imposés 1-0 à domicile face à Strasbourg lors du dernier match de la deuxième journée de Ligue 1.
[올림픽 리용팀의 선수들이 1리그의 두 번째 날 열린 마지막 경기에서 스트라스부르그 팀을 홈경기에서 1-0으로 이겼다]
5. Snuppy est le nom donnée au premier cloné par des biologistes sud-coréen de l'Université de Séoul.
[스누피는 서울대학의 한국인 생물학자들에 의해 첫 번째로 복제된 개에 부여된 이름이다]
6. Le chanteur cubain Ibrahim Ferrer, un des membres les plus célèbres du groupe musical mythique <Buena Vista Social Club>, est mort hier à la Havane à l'âge de 78 ans.
[<부에노비스타 사회클럽>의 전설적인 음악 그룹중 가장 유명한 멤머들 중에 하나인 쿠바 가수 이브라임 페레가 어제 78살의 나이로 하반느에서 사망했다]

Politique	Culture	Santé	Science	Sports	Économie
2	6	1	5	4	3

1) 비교급

우등비교	plus	형용사, 부사	que
동등비교	aussi		
열등비교	moins		

Il est plus rapide que moi. [그는 나보다 더 빠르다]
Il est aussi grand que moi. [그는 나만큼 키가 크다]
Elle est moins belle que sa mère. [그녀는 엄마보다 덜 아름답다]

우등비교	plus	de	명사	que
동등비교	autant			
열등비교	moins			

Aujourd'hui, il y a plus de vent qu'hier.
[오늘은 어제 보다 바람이 더 많이 분다]
Il y avait autant d'hommes que de femmes.
[여자 만큼이나 많은 남자들이 있었다]
Il n'a pas moins de talents que vous. [그는 당신보다 재능이 없다]

2) 위치에 따라 의미가 달라지는 형용사들

ancien	un ancien lycée [이전의 고등학교]	un meuble ancien [오래된 가구]
cher	cher ami [친애하는 친구]	un livre cher [비싼 책]
grand	un grand homme [위대한 사람]	un homme grand [키가 큰 남자]
jeune	un jeune professeur [신임 선생]	un professeur jeune [젊은 선생]
pauvre	une pauvre femme [가련한 여인]	une femme pauvre [가난한 여인]
propre	mon propre argent [내 소유의 돈]	une robe propre [깨끗한 치마]
seul	un seul enfant [독자]	un enfant seul [홀로 된 아이]

3) 최상급

le, la, les + plus [moins] + 형용사 + de + 명사

C'est l'élève le plus intelligent de sa classe.
[그는 자기 반에서 가장 영리하다]

Deuxième Partie
COMPRÉHENSION ÉCRITE

■ Exercice 2

Lire pour s'orienter

Lisez chaque titre et inscrivez le chiffre qui lui correspond dans la rubrique appropriée : politique, culture, société, sports, économie.

nouvelobs.com

1. Le président du Front National affirme qu'il n'est pas impossible qu'il atteigne le 2e tour de la présidentielle en 2007 contre Ségolène Royal.
2. Les artistes africains organisent un concert contre la famine au Niger.
3. 207.000 emplois créés en juillet aux Etats-Unis : le taux de chômage reste quant à lui toujours à 5% de la population active.
4. Classé 65e joueur mondial, le Français, âgé de 18 ans, n'avait encore jamais gagné de tournoi ATP.
5. Les pompiers restent en alerte après avoir maîtrisé deux violents incendies dans les Alpes-de-Haute-Provence, près de Manosque, et dans le Var.

Politique	Société	Économie	Culture	Sports

풀이 및 해석

nouvelobs.com

1. Le président du Front National affirme qu'il n'est pas impossible qu'il atteigne le 2e tour de la présidentielle en 2007 contre Ségolène Royal.
   [극우당의 대표가 세골렌느 루와이알에 맞서 2007년에 대통령 선거 2차까지 가는 것이 불가능하지 않다고 공표했다]
2. Les artistes africains organisent un concert contre la famine au Niger.
   [아프리카 예술가들이 나이지리아의 기근을 위한 콘서트를 개최한다]
3. 207.000 emplois créés en juillet aux Etats-Unis : le taux de chômage reste quant à lui toujours à 5% de la population active.
   [미국에서 7월에 207000 일자리가 창출된다 : 실업률의 경우 여전히 생산인구의 5% 이다]
4. Classé 65e joueur mondial, le Français, âgé de 18 ans, n'avait encore jamais gagné de tournoi ATP.
   [세계 랭킹 65위인 18세의 프랑스인은 ATP 대회에서 아직까지 이기지 못하였다]
5. Les pompiers restent en alerte après avoir maîtrisé deux violents incendies dans les Alpes-de-Haute-Provence, près de Manosque, et dans le Var.
   [소방수들은 발과 마노스크 근처에 있는 오뜨-프로방스-알프스지역에서 발생한 두 개의 대화재를 진압한 후에도 여전히 경계를 늦추지 않고 있다]

Politique	Société	Économie	Culture	Sports
1	5	3	2	4

1) le président

[의장, 회장]	Il a été élu président d'une fédération sportive. [그는 스포츠협회 회장으로 선출되었다]
[대통령]	président de la République [프랑스 대통령]

2) impossible

[불가능한]	condition impossible à remplir [이행할 수 없는 조건] Cette lettre est impossible à lire. [이 편지는 읽을 수가 없어]
	Il est impossible de travailler dans ces conditions. [이런 조건에서 일하는 것은 불가능하다]
	Il est impossible qu'elle soit partie. [그녀가 떠났다는 것은 있을 수 없는 일이다]

3) atteindre

[도달하다]	atteindre son but [목표에 도달하다]
[-와 연락하다]	J'essaie d'atteindre Pierre depuis une heure. [한 시간 전부터 삐에르와 연락을 하려고 애쓰고 있다]

4) tour

[여성]	[탑]	la Tour Eiffel [에펠탑] tour d'ivoire [상아탑]
[남성]	[일주]	le tour du monde [세계일주]
	[순번]	C'est votre tour. [당신 차례입니다]

• 성에 따라 뜻이 달라지는 명사들

un livre [책] / une livre [파운드]	un mémoire [논문] / une mémoire [기억]
un mode [방식] / une mode [유행]	un tour [선회] / une tour [탑]

5) contre

[-와 반대하여]	Je suis contre ton avis. [나는 네 의견에 반대야]
[-에 대항하여]	se battre contre l'ennemi [적과 싸우다]
[-대-]	dix voix contre sept [10표 대 7표]

6) actif(ve)

[활동하는]	volcan actif [활화산] service actif [현역]
[활발한]	mener une vie active [활발한 생활을 하다]
[적극적인]	actif à défendre ses amis [적극적으로 친구들을 옹호하는]

7) ne - jamais

[결코 - 아니다]	Il ne ment jamais. [그는 결코 거짓말을 하지 않는다]

8) après

[시간 : 후에]	Venez après dix heures. [10시 이후에 오세요]
[순서 : 다음에]	L'amusement passe après le travail. [즐기는 것은 일을 하고 난 다음이다]
[+부정법과거]	Après avoir dîné, il est sorti. [일을 마친 후 그는 외출했다]

DEUXIÈME PARTIE : Exercice 3 유형의 주요 구성 분석

신문이나 잡지 기사의 내용을 가지고 그 이해도를 파악하는 문제

- 전체적인 내용 파악
  객관식의 유형으로 기사 전체적인 핵심 주제를 파악하는 문제
- 세부적 사항
  기사의 세부적인 내용을 대상으로 간략한 명제를 주고 그를 입증할 수 있는 문장을 기사내용 중에서 찾는 문제

Deuxième Partie
COMPRÉHENSION ÉCRITE

■ Exercice 3

Lisez le texte puis répondez aux questions

Nam June Paik, père de l'art vidéo, est mort

Nam June Paik, l'un des pères de l'art vidéo, s'est éteint dimanche 29 janvier à Miami, à 74 ans, a annoncé son site Internet. L'artiste, né en Corée et installé aux Etats-Unis depuis 1964, a bénéficié d'une reconnaissance mondiale pour avoir questionné très tôt le pouvoir des images et les avoir mêlées au son et au mouvement, à travers des performances. (...)
C'est en Allemagne que Nam June Paik, fils d'industriels aisés, a commencé sa carrière. Arrivé de Corée en 1949, il y rencontre les musiciens John Cage et Karl-Heinz Stockhausen. En 1961, il devient membre du collectif Fluxus, qui réunit des artistes comme Joseph Beuys, Yoko Ono et Ben. Leur objectif : remettre en cause la frontière entre spectateur et créateur et mêler les genres, dans des œuvres souvent diffusables à volonté, donc de peu de valeur. (...)
En France, le Centre Georges-Pompidou consacre Nam June Paik par une grande exposition en 1982. Il y rassemble 384 moniteurs vidéo. En 1988, pour les Jeux olympiques de Séoul, il érige une tour de 1 003 écrans qui questionne l'orgie médiatique : The More, the Better.

LEMONDE.FR | 30.01.06

Cochez ☒ la bonne réponse.

1. Ce texte vient :
   - ☐ d'un livre
   - ☐ d'un journal.
   - ☐ d'une annonce
2. Nam June Paik était
   - ☐ un peintre célèbre.
   - ☐ un sculpteur.
   - ☐ un artiste qui utilisait la vidéo.

Cochez la colonne Vrai ou Faux. Justifiez votre réponse en citant une phrase ou une expression du texte. 1,5 point par question.

	Vrai	Faux
1. Nam June Paik est mort dans son pays natal. ______________________		
2. Il a été très célèbre dans le domaine des couleurs. ______________________		
3. Il a commencé sa carrière en France. ______________________		
4. Il a fait une exposition en France. ______________________		
5. The More, the Better est le sujet de l'oeuvre qu'il a créée en 1988 à Séoul. ______________________		

내 용

Nam June Paik, père de l'art vidéo, est mort
[비디오 예술의 아버지 백남준이 사망했다]

Nam June Paik, l'un des pères de l'art vidéo, s'est éteint dimanche 29 janvier à Miami, à 74 ans, a annoncé son site Internet. L'artiste, né en Corée et installé aux Etats-Unis depuis 1964, a bénéficié d'une reconnaissance mondiale pour avoir questionné très tôt le pouvoir des images et les avoir mêlées au son et au mouvement, à travers des performances. (...)
[비디오 예술의 거장들 중 하나인 백남준이 74살의 나이로 마이애미에서 1월 29일 일요일에 사망했다고 그의 인터넷 싸이트에서 발표했다. 한국에서 태어나 1964년부터 미국에 거주하였던 이 예술가는 일찍이 영상의 힘에 대해 질문하면서 작품을 통해 이들을 소리와 움직임과 섞는 것으로 전 세계적으로 알려졌다.]
C'est en Allemagne que Nam June Paik, fils d'industriels aisés, a commencé sa carrière. Arrivé de Corée en 1949, il y rencontre les musiciens John Cage et Karl-Heinz Stockhausen. En 1961, il devient membre du collectif Fluxus, qui réunit des artistes comme Joseph Beuys, Yoko Ono et Ben. Leur objectif : remettre en cause la frontière entre spectateur et créateur et mêler les genres, dans des œuvres souvent diffusables à volonté, donc de peu de valeur. (...)
[부유한 사업가의 아들로 태어난 백남준이 그의 경력을 시작한 곳은 독일이었다. 1949년 한국을 떠나 독일에 도착한 그는 이곳에서 존 케이지와 칼-하인츠 스톡하우젠과 같은 음악가들을 만나게 된다. 1961년 그는 조셉 베우스, 요코 오노와 벤과 같은 예술가들이 모여있던 플럭서스의 일원이 된다. 이들의 목표는 관객과 작가 사이에 경계를 재검토하고 마음대로 흔히 전파될 수 있는, 그래서 특별한 가치를 갖지 않는 작품들 속에서 장르를 혼합하는 것이었다]
En France, le Centre Georges-Pompidou consacre Nam June Paik par une grande exposition en 1982. Il y rassemble 384 moniteurs vidéo. En 1988, pour les Jeux olympiques de Séoul, il érige une tour de 1 003 écrans qui questionne l'orgie médiatique : The More, the Better.
[프랑스에서, 조르쥬-퐁피두 센터는 1982년 위대한 전시회의 개최를 통해 백남

> 준의 작품만을 전시하였다. 여기에서 그는 384개의 비디오 모니터를 모았다. 1988년에 서울 올림픽을 맞이하여 매스미디어향연을 주제로 하는 1003개의 모니터를 설치하였다 : 더 많이, 보다 낫게]
>
> LEMONDE.FR | 30.01.06

1) s'éteindre

[꺼지다]	Le feu s'éteint faute de bois. [나무가 없어서 불이 꺼졌다]
[죽다]	Il s'éteignit dans les bras de sa fille. [그는 딸의 품에 안겨 숨을 서두었다]

2) naître

[태어나다]	Il est né en 1961 (Corée). [그는 1961년 (한국)에서 태어났다]

3) 강조구문

① C'est + ... + 관계대명사

Qui va résoudre ce problème ? C'est toi?
[누가 이 문제를 해결할래? 너니?]
Ce n'est pas moi qui vais résoudre ce problème.
C'est moi qui ai gagné le grand prix. [대상을 받은 사람은 나야]

② C'est + ... + que 에 의해 유도되는 절

C'est à Paris que j'ai fait mes études.
[내가 공부를 한 곳은 파리에서야]
Ce n'est pas pour moi que je fais ça, c'est pour toi!
[내가 그것을 한 것은 나를 위한 것이 아니라 너를 위한 것이야!]

③ si .. c'est parce que... 또는 si ...., c'est que ...

Si je me lève tôt, c'est parce que je peux gagner du temps.
[내가 일찍 일어나는 것은, 시간을 절약할 수 있기 때문이야]
S'il n'a pas téléphoné, c'est que tout va bien.
[그가 전화를 하지 않는다는 것은, 모든 것이 잘 된다는 뜻이지]

4) y의 용법

① 전치사 à가 선행하는 무생물을 나타낸다.

Tu participes à cette réunion? Oui. j'y participe.
[너 이 회의에 참석할꺼야?] [응, 거기에 참석할꺼야]
Elle s'intéresse à la soirée dansante? Oui, elle s'y intéresse.
[그녀는 무도회에 관심이 있니?] [응, 그것에 관심있어해]

② 상황을 나타내는 장소 또는 예정지를 나타내기도 한다.

Vous allez à Paris? Oui, j'y vais.
[당신 파리에 갑니까?] [예, 그곳에 갑니다]
Il rentre chez lui? Non, il n'y rentre pas.
[그는 자기 집으로 돌아가니?] [아니, 그곳으로 가지 않아]

③ 절 혹은 부정법 전체를 대체할 수 있다.

Vous vous attendiez à ce qu'il accepte votre proposition?
[당신은 그가 당신의 제안을 받아들일 것을 기대했습니까?]
-Non, je ne m'y attendais pas. [아니오, 그것을 기대하지 않았어요]

5) entre와 parmi

parmi는 두 개 이상의 요소를 나타내는 복수 명사 앞에 사용된다. 반면 entre는 일반적으로 두 명의 사람 또는 사물, 집단에 사용되며, 두 시간에 포함되는 지속성을 표현한다.

Choisissez parmi ces cravates. [이 넥타이들 중에서 고르세요]
Il hésite entre deux choix. [그는 두 선택 사이에서 망설인다]
Il déjeune entre midi et quatorze heures.
[그는 12시에서 2시까지 점심을 먹는다]

풀이 및 해석

1. Ce texte vient : [이 글은 _____에서 딴 것이다]
   - ☐ d'un livre [책]
   - ☒ d'un journal. [신문]
   - ☐ d'une annonce [광고]

2. Nam June Paik était
   - ☐ un peintre célèbre. [유명한 화가였다]
   - ☐ un sculpteur. [조각가였다]
   - ☒ un artiste qui utilisait la vidéo. [비디오를 사용하는 예술가였다]

	Vrai	Faux
1. Nam June Paik est mort dans son pays natal. [백남준은 자신의 고향에서 사망했다] Nam June Paik s'est éteint dimanche 29 janvier à Miami.		X
2. Il a été très célèbre dans le domaine des couleurs. [그는 색채의 분야에서 매우 유명했다] Nam June Paik, père de l'art vidéo.		X
3. Il a commencé une carrière en France. [그는 프랑스에서 그의 직업을 시작했다] C'est en Allemagne que Nam June Paik a commencé sa carrière. [백남준이 자신의 경력을 시작한 곳은 독일이다]		X
4. Il a fait son exposition en France. [그는 프랑스에서 전시회를 했다] En France, le Centre Geroges-Pompidou consacre Nam June Paik par une grand exposition en 1982.	X	
5. The More, the Better est le sujet de l'oeuvre qu'il a créée en 1988 à Séoul. [보다 많이, 보다 낫게는 그가 서울에서 1988년 했던 작품의 주제이다] En 1988, pour les Jeux olympique de Séoul, il érige une tour de 1003 écrans qui questionne l'orgie médiatique.	X	

Deuxième Partie

COMPRÉHENSION ÉCRITE

■ Exercice 3

Lisez le texte puis répondez aux questions

Comment les Français s'imaginent-ils dans dix ans ? "L'immense majorité de nos concitoyens se déclarent satisfaits de leur vie d'aujourd'hui et confiants dans l'avenir à moyen terme", (...). En ce qui concerne l'environnement et le cadre de vie, les Français sondés sont conscients de l'influence grandissante de "grands phénomènes qui nous dépassent", comme le développement d'Internet, de la téléphonie mobile, le réchauffement du climat, la diminution des ressources en gaz et pétrole, le vieillissement de la population... Mais ils croient au progrès scientifique (vaccin contre le sida, nouveaux médicaments contre le cancer, etc.), au développement du commerce équitable et à la progression du respect de l'environnement.(..)
Cette mobilité accrue se retrouve dans la sphère professionnelle : 95% des Français interrogés pensent qu'ils changeront plusieurs fois de métier dans leur vie, comme de région et de pays ; ils s'attendent à vivre dans une ville et à travailler dans une autre, tout en restant en activité plus longtemps... Beaucoup parient aussi sur le développement de la vie à la campagne, surtout dans des villages, au détriment, notamment, de Paris. Selon eux, les voyages seront aussi plus fréquents, mais moins longs et plutôt axés sur la redécouverte des manières traditionnelles de se déplacer (marche, bateau, vélo...)

LEMONDE.FR | 30.01.06

Cochez ☒ la bonne réponse.

1. Il s'agit d'un sondage concernant ________________
   - ☐ l'avenir des français.
   - ☐ l'environnement de la France.
   - ☐ le développement du commerce.

2. Beaucoup de français sont ________________
   - ☐ mécontents de leur vie quotidienne.
   - ☐ contents de leur vie d'aujourd'hui.
   - ☐ inquiets de leur vie d'aujourd'hui.

Cochez la colonne Vrai ou Faux. Justifiez votre réponse en citant une phrase ou une expression du texte. 1,5 point par question.

	Vrai	Faux
1. Beaucoup de français s'inquiètent beaucoup pour leur vie d'aujourd'hui. ____.		
2. Les Français considèrent que les phénomènes d'environnement ont beaucoup d'influence sur leur vie. ____.		
3. Les Français ne croient pas au développement scientifique. ____.		
4. 95 % des Français pensent qu'ils exerceront un seul métier dans leur vie. ____.		
5. Beaucoup de Français préfèreront la vie en ville plutôt qu'à la campagne. ____.		

내 용

Comment les Français s'imaginent-ils dans dix ans? "L'immense majorité de nos concitoyens se déclarent satisfaits de leur vie d'aujourd'hui et confiants dans l'avenir à moyen terme",(...).
[프랑스인들은 십년 후에 대해 어떻게 상상하고 있는가? "우리 동국인들은 오늘날의 그들의 삶에 대해 만족하고 미래에 대해 신뢰를 갖고 있다고 대답했다]

En ce qui concerne l'environnement et le cadre de vie, les Français sondés sont conscients de l'influence grandissante de "grands phénomènes qui nous dépassent", comme le développement d'Internet, de la téléphonie mobile, le réchauffement du climat, la diminution des ressources en gaz et pétrole, le vieillissement de la population...
[환경과 삶의 범위에 관한 한, 조사에 응한 프랑스인들은 "인터넷, 휴대폰의 발달, 기후 의 온난화, 가스와 석유의 자원고갈, 인구의 고령화"와 같이 우리가 어쩔 수 없는 거대한 현상의 증가되는 영향에 대해 의식을 가지고 있다.]

Mais ils croient au progrès scientifique (vaccin contre le sida, nouveaux médicaments contre le cancer, etc.), au développement du commerce équitable et à la progression du respect de l'environnement.(...)
[그러나 이들은 과학적 진보 (에이즈에 대한 박신, 암에 대한 새로운 의약품 등), 균형적인 상업발달과 환경에 관한 진보를 믿고 있다.] (...)

Cette mobilité accrue se retrouve dans la sphère professionnelle : 95 % des Français interrogés pensent qu'ils changeront plusieurs fois de métier dans leur vie, comme de région et de pays ; ils s'attendent à vivre dans une ville et à travailler dans une autre, tout en restant en activité plus longtemps... Beaucoup parient aussi sur le développement de la vie à la campagne, surtout dans des villages, au détriment, notamment, de Paris. Selon eux, les voyages seront aussi plus fréquents, mais moins longs et plutôt axés sur la redécouverte des manières traditionnelles de se déplacer (marche, bateau, vélo...)
[이런 증가하는 유동성은 직업적인 면에서도 찾아볼 수 있다 : 조사에 응한 프랑

스인들의 95프로는 자신들이 지역과 국가와 마찬가지로 살아가는데 있어 직업을 여러 번 바꿀것이라고 생각한다 ; 이들은 보다 오랫동안 활동을 하면서 어떤 도시에 살면서 다른 도시에서 일을 할 수 있기를 기대한다. 많은 이들은 또한 특히 파리를 희생함으로서 도시보다는 교외의 삶의 발전이 증가할 것이라고 확신한다. 이들에 따르면, 여행 역시 보다 자주 하게 될 것이지만, 덜 길고 이동할 때의 전통적인 방법의 재발견 (걷기, 배, 자전거 등) 쪽으로 갈 것이라고 생각한다]

LEMONDE.FR | 30.01.06

1) s'imaginer [상상하다, 생각하다]

+ 명사	Imaginez-vous une grande salle noire. [캄캄한 큰 방을 상상해보세요]
+ 동사원형	Il s'imagine tout savoir. [그는 모든 것을 알고 있다고 생각한다]

2) 복합도치 (l'inversion complexe)

복합도치는 주어가 명사군 또는 인칭대명사, 대명사 on 과 ce 이외의 다른 대명사인 경우에 일어난다. 이 경우, 명사 또는 대명사는 원래 위치에 있으면서 동사 뒤에 il(s), 또는 elle(s) 로 되풀이 된다 :

Son frère a une maison. - Son frère a-t-il une maison?
Pierre et Marie ont une fille. - Pierre et Marie ont-ils une fille?
Quelqu'un est venu me moir? - Quelqu'un est-il venu me voir?

3) être conscient de [-을 의식하는]

Il est conscient de ses responsabilités. [그는 자기의 책임을 자각하고 있다]

4) dépasser

[추월, 지나치다]	Vous avez dépassé le musée. [당신은 미술관을 지나쳤어요]
[넘어서다]	Ça me dépasse. [그것은 내 능력 밖이야]

5) gérondif : en + -ant

① 원인 : En voyant son embarras, la police se fit plus aimable.
[그가 당황해하는 것을 보고, 경찰은 좀 더 부드럽게 대했다]

② 조건, 추측 : Elle réussirait mieux en s'y prenant autrement.
[그것을 다르게 생각한다면 그녀는 더 성공할 수 있을꺼야]

③ 동시성 : Ne lis pas en mangeant [먹으면서 읽지 마라]

④ 양태, 방법 : C'est forgeant qu'on devient forgeron.

풀이 및 해석

1. Il s'agit d'un sondage concernant __________. [이것은 ___에 관한 여론조사이다]
   - ☒ la vie de l'avenir des Français. [프랑스인들의 미래의 삶]
   - ☐ l'environnement de la France. [프랑스의 환경]
   - ☐ le développement du commerce. [상업의 발달]

2. Beaucoup de Français sont ______. [많은 프랑스인들은 ____하다]
   - ☐ mécontents de la vie quotidienne. [일상생활에 대해 불만족하고 있다]
   - ☒ contents de la vie d'aujourd'hui. [오늘날의 삶에 대해 만족해한다]
   - ☐ inquiets de la vie d'aujourd'hui. [오늘날의 삶에 대해 걱정하고 있다]

	Vrai	Faux
1. Beaucoup de français s'inquiètent beaucoup pour leur d'aujourd'hui. [많은 프랑스인들은 오늘날의 삶에 대해 많은 걱정을 갖는다] L'immense majorité de nos concitoyens se déclarent satisfaits de leur vie d'aujourd'hui et le cadre de vie (...).		X
2. Les Français considèrent que les phénomènes d'environnement a beaucoup d'influence sur leur vie. [프랑스인들은 환경 현상이 삶에 큰 영향을 끼친다고 생각한다] En ce qui concerne l'environnement et le cadre de vie, les Français sondés sont conscients de l'influence grandissante de "grands phénomènes qui nous dépassent" (...).	X	
3. Les Français ne croient pas au développement scientifique. [프랑스인들은 과학적 발전이 있을 것이라고 생각하지 않는다] Ils (les Français) croient au progrès scientifique.		X
4. 95 % des Français pensent qu'ils exerceront un seul métier dans leur vie. [프랑스인들의 95프로는 삶에서 하나의 직업을 택할 것이라고 생각한다] 95 % des Français pensent qu'ils changeront plusieurs fois de métier dans leur vie.		X

5. Beaucoup de Français préfèreront la vie en ville plutôt qu'à la campagne. [많은 프랑스인들이 미래에 교외에서 사는 것보다는 도시생활을 더 선호한다] Beaucoup parient aussi sur le développement de la vie à la campagne, surtout dans des villages au détriment, notamment, de Paris.		X

Deuxième Partie

COMPRÉHENSION ÉCRITE

■ Exercice 3.

Lisez le texte puis répondez aux questions

Otages allemands en Irak : les ravisseurs donnent un ultimatum à 72 heures

Les ravisseurs de René Bräunlich et Thomas Nitzschke, deux ingénieurs allemands enlevés le 24 janvier en Irak, ont lancé un ultimatum menaçant de mort les otages dans les 72 heures si le gouvernement allemand refuse de satisfaire leurs revendications d'une rupture de toute relation entre Berlin et Bagdad, a annoncé, mardi 31 janvier, la deuxième chaîne de la télévision publique allemande (ZDF).

Un kamikaze se fait sauter au milieu d'un rassemblement d'ouvriers : 9 morts.

Un kamikaze portant une ceinture d'explosifs s'est fait sauter, mercredi 1er février, au milieu d'un rassemblement d'ouvriers journaliers dans un quartier sud de Bagdad, faisant neuf morts et trente blessés, selon une source de sécurité.

Cet ultimatum figure dans une nouvelle bande vidéo diffusée dans la soirée par la télévision qatarie Al-Jazira et qui semble avoir été tournée le 29 janvier dans la matinée, précise ZDF, sans cependant diffuser d'images de cette vidéo. Il s'agit du deuxième enregistrement transmis par les ravisseurs depuis que les deux Allemands ont été enlevés. Les ingénieurs sont aux mains d'un groupe appartenant au groupe islamiste "Ansar Al-Tawhid wal Sunna" ("Les partisans de l'unicité et de la Sunna"), selon une inscription présentée à l'image. (...)

LEMONDE.FR | 30.01.06

Cochez ☒ la bonne réponse.

1. Cet événement s'est passé :
   - ☐ en Allemagne
   - ☐ en Irak
   - ☐ en France

2. Un kamikaze singifie quelqu'un qui
   - ☐ se sacrifie pour sa patrie.
   - ☐ construit un avion
   - ☐ travaille pour lui-même.

Cochez la colonne Vrai ou Faux. Justifiez votre réponse en citant une phrase ou une expression du texte. (1,5 point par question)

	Vrai	Faux
1. Les ravaisseurs étaient René Bräunlich et Thomas Nitzschke. ______________________________		
2. Les ravisseurs menacent qu'ils tueront les otages quoi qu'il arrive. ______________________________		
3. Un Kamikaze a lancé une bombe sur les étudiants. ______________________________		
4. À la suite de l'attendat à la bombe, neuf personnes ont trouvé la mort. ______________________________		
5. Les deux allemands pris en otage étaient des ingénieurs. ______________________________		

DEUXIÈME PARTIE

내 용

Otages allemands en Irak : les ravisseurs donnent un ultimatum à 72 heures
[이락에서의 독일인들 납치 : 납치범들은 72시간의 최후통첩을 한다]

Les ravisseurs de René Bräunlich et Thomas Nitzschke, deux ingénieurs allemands enlevés le 24 janvier en Irak, ont lancé un ultimatum menaçant de mort les otages dans les 72 heures si le gouvernement allemand refuse de satisfaire leurs revendications d'une rupture de toute relation entre Berlin et Bagdad, a annoncé, mardi 31 janvier, la deuxième chaîne de la télévision publique allemande (ZDF).
[이라크에서 1월 24일 납치된 두명의 독일 엔지니어인 René Bräunlich와 Thomas Nitzschke의 납치범들이 만일 독일 정부가 베를린과 바그다드 사이에 모든 관계를 청산하라는 자신들의 요구를 충족시켜주지 않을 경우 72시간 안에 인질들을 죽일 것이라고 최후통첩을 해왔다고 1월 31일 화요일, 독일 공영방송의 두번째 채널인 ZDF가 발표했다]

Un kamikaze se fait sauter au milieu d'un rassemblement d'ouvriers : 9 morts.
Un kamikaze portant une ceinture d'explosifs s'est fait sauter, mercredi 1er février, au milieu d'un rassemblement d'ouvriers journaliers dans un quartier sud de Bagdad, faisant neuf morts et trente blessés, selon une source de sécurité.
[보안국 소식통에 따르면, 한 자살폭탄 테러범이 인부들이 모여있는 한 가운데로 몸을 날렸다 : 9명이 사망했다. 허리에 폭탄을 두른 한 자살폭탄 테러범이 2월 1일 수요일 바그다드의 남쪽 지역에 있던 일일 근로자들이 모여 있는 한 가운데로 뛰어들어 9명이 사망하고 30명이 부상당했다.]

Cet ultimatum figure dans une nouvelle bande vidéo diffusée dans la soirée par la télévision qatarie Al-Jazira et qui semble avoir été tournée le 29 janvier dans la matinée, précise ZDF, sans cependant diffuser d'images de cette vidéo. Il s'agit du deuxième enregistrement transmis par les

ravisseurs depuis que les deux Allemands ont été enlevés. Les ingénieurs sont aux mains d'un groupe appartienant au groupe islamiste "Ansar Al-Tawhid wal Sunna" ("Les partisans de l'unicité et de la Sunna"), selon une inscription présentée à l'image. (...)
[새로운 비디오 테이프에 담겨져 있던 이 최후통첩은 알-자지라 텔레비전을 통해 저녁때 방영되었는데 ZDF에 따르면 이 비디도는 1월 29일 촬영된 것으로 당시에는 영상을 방 영하지 않은 것 같다고 밝혔다. 이것은 두 명의 독일인이 납치된 이후 납치범들에 의해 보내진 두 번째 녹음테이프이다. 엔지니어들은 반 알-타이드 왈 수나 (단일화와 수나의 유격대원)의 이슬람 집단에 속한 한 단체의 손에 있다.](...)

LEMONDE.FR | 30.01.06

1) si : 조건법현재

Je	-rais	Nous	-rions
Tu	-rais	Vous	-riez
Il, Elle	-rait	Ils, Elles	-raient

① 미래에 실현될 수 있는 사실

Si le temps le permettait, je vous accompagnerais.
[시간이 허락되면, 당신과 동행할께요]

② 현재 실현되지 않은 사실

Si j'avais vingt ans de moins (maintenant), je vous épouserais.
[내가 지금 20살만 젊었어도, 당신과 결혼할텐데]

③ 과거에 실현되지 못한 사실

Si j'avais obtenu le permis de conduire (hier), je conduirais.
[내가 면허증을 땉기만 했어도, 운전을 할텐데]

2) 현재분사 (participe présent) : + -ant

- 형용보통 품질형용사처럼 명사의 특성을 나타낸다. 이 경우, 명사와 성과수에서 일치한다

Ses yeux brillants disent la vérité.
[그의 반짝이는 눈은 진실을 말한다]
un portefeuille contenant 20000 francs [20000프랑시 들어있는 지갑]

3) 수동태

현재	주어 + 직접타동사 + 직접목적보어
	직접목적보어 + être + 직접타동사의 과거분사 + (par +의미상의 주어)
	Paul construit une maison. - Une maison est construite par Paul.
복합 과거	주어 +avoir + 과거분사 + 직접목적보어
	직접목적보어 + avoir + été + 직접타동사의 과거분사 + (par +의미상의 주어)
	Paul a vendu une voiture. - Une voiture a été vendue par Paul.

풀이 및 해석

1. Cet événement s'est passé : [이 사건은 _____에서 발생했다]
   - ☐ en Allemagne [독일에서]
   - ☒ en Irak [이라크에서]
   - ☐ en France [프랑스에서]

2. Un kamikaze singifie quelqu'un qui [가미가제란 ____ 사람을 의미한다]
   - ☒ se sacrifie pour sa patrie. [조국을 위해 자신을 희생하는]
   - ☐ construit un avion [비행기를 제조하는]
   - ☐ travaille pour lui-même. [자신만을 위해 일하는]

	Vrai	Faux
1. Les ravaisseurs étaient René Bräunlich et Thomas Nitzschke. [납치범들은 René Bräunlich et Thomas Nitzschke 이었다] Les ravisseurs de René Bräunlich et Thomas Nitzschke, deux ingénieurs allemands enlevés le 24 janvier en Irak.		X
2. Les ravisseurs menacent qu'ils tueront les otages quoi qu'il arrive. [납치범들은 무슨 일이 있더라도 포로들을 죽일 것이라고 위협한다] Les ravisseurs de René Bräunlich et Thomas Nitzschke ont lancé un ultimatum menaçant de mort les otages dans les 72 heures si le gouvernement allemand refuse de satisfaire leurs revendications d'une rupture de toute relation entre Berlin et Bagdad.		X
3. Un Kamikaze a lancé une bombe sur les étudiants. [자살 테러범이 학생들의 가운데로 폭탄을 던졌다] Un kamikaze se fait sauter au milieu d'un rassemblement d'ouvriers.		X

4. À la suite de l'attendat à la bombe, neuf personnes ont trouvé la mort. [폭탄테러로 인해 9명의 사람이 사망했다] Un kamikaze portant une ceinture d'explosifs s'est fait sauter, au milieu d'un rassemblement d'ouvriers journaliers faisant neuf morts et trente blessés.	X	
5. Les deux allemands pris en otage étaient des ingénieurs. [포로로 납치된 두명의 독일인들은 엔지니어들이었다] Il s'agit du deuxième enregistrement transmis par les ravisseurs depuis que les deux Allemands ont été enlevés. Les ingénieurs sont aux mains d'un groupe (...)	X	

DEUXIÈME PARTIE : Exercice 4 유형의 주요 구성 분석

e-mail을 통한 안내문이나 광고 또는 할인 판매나 촉진 판매에 관계되는 유형의 문제로서 최근 문화의 거대한 부분을 차지하고 있는 인터넷에 관련된다 :

1) 객관식 문형
   - 주어진 메일의 전체적 내용에 관련
   - 일부분에 관한 내용에 관련

2) 단답형 문형
   - 내용 중 일부분에 대한 답변

3) 종합 문형
   - 객관식과 단답형을 섞어 놓은 문형
   - 객관식과 단답형을 섞어 놓은 문형

Deuxième Partie
COMPRÉHENSION ÉCRITE

■ Exercice 4

Comprendre la correspondance

> Lastminute.com, site expert du voyage pas cher et des loisirs en ligne est leader sur ce marché en France et en Europe. Trouver jusqu'à 5000 offres de séjours, 13 000 hôtels, 250 restaurants, 340 spectacles et soirées, plus de 500 cadeaux et offres adrénaline. Mais également des croisières, des thalassos et bien plus encore. Réservation d'hôtels, billets d'avion et voyages à la dernière minute. Vente aux enchères (sorties, places de concert, spectacles et cadeaux). Les meilleures offres pour partir à prix dégriffés jusqu'à la dernière minute.

Vous venez de recevoir ce message sur votre ordinateur. Répondez aux questions.

1. Il s'agit :
   - ☐ d'un message publicitaire
   - ☐ d'une lettre amicale
   - ☐ d'un article de journal

2. <Lastminute.com> est le nom :
   - ☐ d'un film
   - ☐ d'un bateau
   - ☐ d'un site de voyage

3. Qu'est-ce que vous ne pouvez pas faire par ce site?
   - ☐ une réservation d'hôtels
   - ☐ une réservation de billets d'avion
   - ☐ une réservation de l'hôpital

4. On peut voyager dans de bonnes conditions avec ce site :
   ☐ VRAI ☐ FAUX

   Justifiez votre réponse en citant une phrase du texte :

   ____

   ____

DEUXIÈME PARTIE

내 용

Lastminute.com, site expert du voyage pas cher et des loisirs en ligne est leader sur ce marché en France et en Europe. Trouver jusqu'à 5000 offres de séjours, 13000 hôtels, 250 restaurants, 340 spectacles et soirées, plus de 500 cadeaux et offres adrénaline. Mais également des croisières, des thalassos et bien plus encore. Réservation d'hôtels, billets d'avion et voyages à la dernière minute. Vente aux enchères (sorties, places de concert, spectacles et cadeaux). Les meilleures offres pour partir à prix dégriffés jusqu'à la dernière minute.

[저렴한 가격의 여행과 여유있는 교통편에 대한 전문 사이트인 Lastminute.com은 프랑스와 유럽에서 이 시장에서 선두주자입니다. 5000개의 숙소제공과 13000개의 호텔, 250개의 식당과 340의 볼거리와 여흥, 500개가 넘는 선물들과 흥미진진한 선물까지 받아보세요. 이뿐 아니라 바다 여객선과 그 밖의 더 많은 것들을 볼 수 있습니다. 마지막 순간까지도 가능한 여행이나 예약, 비행기표 예약이 가능합니다. 경매물건(공연자 자리, 볼거리와 선물)도 판매합니다. 최고의 상품들을 마지막 순간까지 가격을 왕창 할인된 가격으로 판매합니다]

1) cher

[친애, 사랑하는]	Mon cher ami [친애하는 벗에게 : 편지 서두]
[비싼]	restaurant pas cher [비싸지 않은 식당]

• 형용사의 여성형

-er : -ère	léger [가벼운] - légère étranger [외국의] - étrangère
	premier [첫번째의] - première cher - chère

2) les loisirs

[여가, 여유]	heures de loisir et de travail [여가와 일의 시간] avoir le loisir de + 동사원형 [-할 틈이 있다]

3) trouver

[발견하다]	Il a trouvé un chien dans la rue. [그는 거리에서 개를 발견했다]
[알아내다]	trouver la solution d'un problème [문제의 해답을 알아내다]
[생각하다]	Comment trouves-tu ce tableau? [이 그림을 어떻게 생각해?]

4) une offre

[제안, 제의]	faire une offre [-을 제안하다]
	rejeter(accepter) les offres de quelqu'un [-의 제안을 거절 (수락)하다]

5) un séjour

[체류]	faire un long (bref) séjour à.. [-에 오래 (짧게) 머물다] Mon séjour à Paris [파리에서의 나의 체류]
[거실]	salle de séjour [거실]

6) un billet

[표]	prendre un billet [표를 사다] billet d'entrée [입장권] billet de faveur [우대권] billet à prix réduit [할인권]
[지폐]	billet de 100 euros [100유로짜리 지폐]

7) meilleur(e) : 불규칙한 비교급 형태

bon	meilleur	
bien	mieux	
petit	plus petit	[치수를 나타낼 때]
	moindre	[가치나 중요성을 나타낼 때]
mauvais	plus mauvais	
	pire	[강조의 형태]

Cet homme est meilleur que je ne pensais.
[이 남자는 내가 생각했던 것 보다 더 났다]
Marie chante mieux que Sophie. [마리는 소피보다 노래를 더 잘 한다]

풀이 및 해석

1. Il s'agit : [___에 관한 것이다]
   - ☒ d'un message publicitaire [선전 메시지]
   - ☐ d'une lettre amicale [우정어린 편지]
   - ☐ d'un article de journal [신문 기사]

2. <Lastminute.com> est le nom : [Lastminute.com는 ___ 이름이다]
   - ☐ d'un film [영화의]
   - ☐ d'un bateau [배의]
   - ☒ d'un site de voyage [여행 전문 싸이트]

3. Qu'est-ce que vous ne pouvez pas faire par ce site?
   [이 싸이트를 통해 당신이 할 수 없는 무엇인가 ?]
   - ☐ une réservation d'hôtels [호텔 예약]
   - ☐ une réservation de billets d'avion [비행기표 예약]
   - ☒ une réservation de l'hôpital [병원 예약]

4. On peut voyager dans de bonnes conditions avec ce site :
   [이 싸이트를 통해 좋은 조건으로 여행을 할 수 있다]
   ☒ VRAI ☐ FAUX

   Justifiez votre réponse en citant une phrase du texte :
   [글에 있는 문장을 언급하여 당신의 답변을 입증하시오]

   Les meilleures offres pour partir à prix dégriffés jusqu'à la dernière minute.

Deuxième Partie

COMPRÉHENSION ÉCRITE

■ Exercice 4

Comprendre la correspondance

Vous vous intéressez au champagne?

Encore jeunes entrepreneurs, de 28 à 36 ans, nous avons l'envie enivrante de partager avec vous notre connaissance familiale de l'exploitation de la vigne, ainsi que nos 13 années d'expérience dans le Champagne.

Notre situation dans la ville de Reims nous positionne au cœur des vignes et au centre de l'actualité viticole de Champagne. C'est cette connaissance particulière du terrain qui nous permet de vous sélectionner des champagnes directement à leur origine. Cet héritage est, pour nous, le gage de la qualité de nos services et, pour vous, la véritable garantie de satisfaction.
Notre souhait est de vous transmettre, ensemble, le goût pour le champagne et celui pour la Champagne, à travers nos conseils à la consommation et la célébration avec vous de l'amour pour notre région.

Vous venez de recevoir ce message sur votre ordinateur. Répondez aux questions.

1. Ce message concerne la présentation ________________
   - ☐ d'un pain
   - ☐ d'un club de sport
   - ☐ d'un produit viticole

2. Le champagne est une sorte de ___________
   - ☐ bière
   - ☐ vin
   - ☐ café
3. Selon ce message, qu'est-ce qu'on peut supposer sur la ville de Reims?

   ____

4. On peut savoir mieux sur la champagne :

   ☐ VRAI ☐ FAUX

   Justifiez votre réponse en citant une phrase du texte :

   ____

내 용

Vous vous intéressez au champagne?

Encore jeunes entrepreneurs, de 28 à 36 ans, nous avons l'envie enivrante de partager avec vous notre connaissance familiale de l'exploitation de la vigne, ainsi que nos 13 années d'expérience dans le Champagne.

Notre situation dans la ville de Reims nous positionne au cœur des vignes et au centre de l'actualité viticole de Champagne. C'est cette connaissance particulière du terrain qui nous permet de vous sélectionner des champagnes directement à leur origine. Cet héritage est, pour nous, le gage de la qualité de nos services et, pour vous, la véritable garantie de satisfaction. Notre souhait est de vous transmettre, ensemble, le goût pour le champagne et celui pour la Champagne, à travers nos conseils à la consommation et la célébration avec vous de l'amour pour notre région.

[샴페인에 대해 관심이 있으십니까 ?]

[28살에서 36살의 아직 젊은 경영자들인 저희는 샹파뉴 지방에서의 13년의 경험을 바탕으로 포도(밭)경영에 대한 우리의 지식을 당신과 함께 뜨겁게 공유하고 싶습니다.]

[렝스도시에 있다는 점에서 우린 포도밭의 중심에 위치하고 있을 뿐 아니라 샹파뉴지방의 포도재배 활동의 한 가운데에 있다고 할 수 있습니다. 이런 지형적인 특성으로 인해 우린 여러분들께 생산지에서 직접 샴페인을 고를 수 있게 해드립니다. 또한 우리에게 있어 이러한 환경은 우리가 제공하는 서비스의 품질을 보증하는 동시에 만족도를 최고로 올려줄 수 있게 해 줍니다. 우리의 바램은 우리 지역에 대한 애정을 당신과 함께 나누고 또 샴페인의 소비에 대한 우리의 도움을 통해 당신에게 샴페인에 대한 맛과 샹파뉴지방의 특성을 전하고 싶습니다]

1) s'intéresser à quelque chose

[-에 흥미를 갖다]	Je m'intéresse au sport. [나는 운동에 관심이 있다]

2) avoir envie de

+명사	J'ai envie d'une voiture. [나는 자동차를 원해]
+ 동사원형	J'ai envie de voyager. [난 여행을 하고 싶어]

3) permettre [허락하다]

permettre quelque chose à quelqu'un	Le médecin m'a permis le café. [의사가 내게 커피를 허락했어]
permettre de + 동사원형	Mon père m'a permis de sortir. [아버지가 내가 외출하는 것을 허락하셨어]

4) 부정법

① 명사의 기능

a) 주어 : Dormir n'est pas vivre. [자는 것은 사는 것이 아니다]

b) 속사 : Souffler n'est pas jouer. [숨을 쉬는 것은 장난이 아니다]

c) 직접목적어 : J'aime lire. [나는 읽는 것을 좋아한다]

d) 간접목적어 : On l'oblige à chanter.
[사람들은 그에게 노래할 것을 강요한다]

e) 상황보어 : Il travaille sans dormir. [그는 잠도 자지 않고 일을 한다]

f) 형용사의 보어 : Il est possible de partir plus tôt.
[더 일찍 떠날 수도 있어]

② 동사에 영향을 받는 경우

a) 감정을 나타내는 동사

J'entends un chien aboyer [나는 개가 듣는 소리를 듣는다]
Je les vois sortir. [나는 그들이 외출하는 것을 본다]

주어를 부정법 동사 뒤에 위치시킬 수도 있다

J'entends aboyer un chien.

그러나 부정법형태의 동사가 타동사인 경우는 주어가 항상 앞에 온다

J'ai entendu Pierre appeler. [나는 삐에르가 부르는 것을 듣는다]

b) faire, laisser 동사 뒤

Je fais entrer les enfants. [나는 아이들을 들어오게 한다]

풀이 및 해석

1. Ce message concerne la présentation ___________.
   [이 메시지는 ____ 소개와 관련이 있다]
   - ☐ d'un pain [빵의]
   - ☐ d'un club de sport [스포츠의]
   - ☒ d'un produit viticole [포도주 생산품]

2. Le champagne est une sorte de ___________. [샹파뉴는 ______의 일종이다]
   - ☐ bière [맥주]
   - ☒ vin [포도주]
   - ☐ café [커피]

3. Selon ce message, Qu'est-ce qu'on peut supposer sur la ville de Reims?
   [이 메시지에 따르면, 렝스라는 도시에 대해 무엇을 추측할 수 있는가 ?]

   On peut supposer que Reims est une ville connue pour le champagne.
   [우린 렝스가 샴페인으로 유명한 도시임을 추측할 수 있다]

4. On peut en savoir plus sur le champagne : [우신 샴페인을 더 잘 알 수 있다 :]
   ☒ VRAI ☐ FAUX

Notre souhait est de vous transmettre, ensemble, le goût pour le Champagne et celui pour la Champagne, à travers nos conseils à la consommation et la célébration avec vous de l'amour pour notre région.

Deuxième Partie
COMPRÉHENSION ÉCRITE

■ Exercice 4

Comprendre la correspondance

> LASTMINUTE.COM : des prix INCROYABLES et exclusifs pour des VACANCES à petits prix !!!! Faire très viiiiite!
> Le Point de vue Achats Gratuits : PROFITEZ-EN c'est les mois torrides sur Lastminute : grande opération spéciale été avec des offres dégriffées allant jusqu'à -60% de réduction! A NE PAS MANQUER, une sélection pour vos vacances d'été à très petits prix (séjours à l'étranger, locations, campings en France, vols, hôtels…) pour les plus rapides!
>
> Des prix exclusifs à découvrir en urgence!
> Les séjours en France tout l'été jusqu'à -40 % ! Et si vous profitiez des week-ends ensoleillés pour vous aérer un peu ? Toutes les idées pour bouger hors des sentiers battus, en France, à la plage et à la montagne.
> En ce moment à voir des promos vols jusqu'à -60 %! Attention les stocks sont limités! Des vols à PRIX COUTANTS : avec toutes les semaines une compagnie aérienne différente qui vous propose ses prix les plus bas.

Vous venez de recevoir ce message sur votre ordinateur. Répondez aux questions.

1. Il s'agit :
   - ☐ d'une promotion de voyage
   - ☐ d'une réduction sur le prix d'un bateau
   - ☐ de soldes de vêtements

2. LASTMINUTE.COM est le site ____________ :
   - ☐ d'une agence de voyage
   - ☐ d'une agence immobilière
   - ☐ d'une agence des marchandises

3. Supposons que le prix d'un séjour en France pendant l'été soit de 1000 euros. Si vous acceptez cette offre, combien de l'argent devrez-vous payer?

   ____

4. On peut acheter un billet d'avion à prix réduit avec jusqu'à moins de soixante pour cents de réduction n'importe quand.

   ☐ VRAI ☐ FAUX

   Justifiez votre réponse en citant une phrase du texte :

   ____

내 용

LASTMINUTE.COM : des prix INCROYABLES et exclusifs pour des VACANCES à petits prix!!!! Faire très viiiiite!
[LASTMINUTE.COM : 적은 비용으로의 휴가를 위한 예외적이고도 믿을 수 없는 가격 빨리 신청하세요!]

Le Point de vue Achats Gratuits : PROFITEZ-EN c'est les mois torrides sur Lastminute : grande opération spéciale été avec des offres dégriffées allant jusqu'à -60% de réduction! A NE PAS MANQUER, une sélection pour vos vacances d'été à très petits prix (séjours à l'étranger, locations, campings en France, vols, hôtels…) pour les plus rapides!
[무료구입 관점 : 이것을 이용하세요. 이것은 Lastminute의 파격적인 기간입니다 : 특별 여름 대 바겐 세일로서 60%까지 할인하는 파격적인 판매입니다! 결코 놓쳐서는 안되는 것으로 가장 빨리, 아주 저렴한 가격에 당신의 여름 휴가를 위한 선택(외국에서의 체류, 프랑스에서의 임대, 캠핑, 비행기, 호텔 등)]

Des prix exclusifs à découvrir en urgence!
Les séjours en France tout l'été jusqu'à -40%! Et si vous profitiez des week-ends ensoleillés pour vous aérer un peu? Toutes les idées pour bouger hors des sentiers battus, en France, à la plage et à la montagne. En ce moment à voir des promos vols jusqu'à -60%! Attention les stocks sont limités! Des vols à PRIX COUTANTS : avec toutes les semaines une compagnie aérienne différente qui vous propose ses prix les plus bas.
[빨리 알아야 할 파격적 가격!
여름 내내 프랑스에서의 체류를 40%까지의 할인으로 ! 그리고 태양이 내려쬐이는 주말에 바람을 쐬고 싶지 않으십니까? 복잡한 일상생활을 벗어나 프랑스에서 해변이나 산으로 움직이고 싶으신 분들을 위한 모든 방법들이 있습니다. 지금 비행기표는 60%까지 할인판매를 하고 있으니 꼭 보시기 바랍니다! 양이 한정되어 있다는 점을 유의하세요! 현행 가격에 비행기 표가 있습니다 : 매주 여러 다른 항공사들이 당신께 가장 저렴한 가격을 제안합니다.]

1) incroyable

[믿어지지 않는]	C'est incroyable! [정말 믿을 수가 없군!]
[굉장한]	Il a fait des progrès incroyables. [그는 놀랄만한 발전을 했다]

2) exclusif(ve)

[전유적인]	le droit exclusif de vendre [판매 독점권]
[유일한]	poursuivre un but exclusif [하나의 목표를 추구하다]

-f : -ve	actif [활동적인] - active	neuf [새로운] - neuve
	sauf [안전한] - sauve	vif [생생한] - vive

3) vacances

[단수 : 공석]	vacance d'un siège de professeur [교수 자리의 공석]
[복수 : 휴가, 방학]	grandes vacances [여름 방학]

• 단수와 복수의 의미가 다른 명사들

단수	복수
un ciseau [끌, 정]	des ciseaux [그네]
un effet [결과]	des effets [의류]
une lunette [망원경]	des lunettes [안경]
une vacance [빈자리]	des vacances [방학, 휴가]

4) petit(e)

[작은]	une petite maison [작은 집] une petite femme [키 작은 여자]
[어린]	mon petit frère [나의 남동생]
[사소한]	Voilà une petite chose pour vous. [당신을 위해 변변치 않은 것을 준비했어요]

5) courant

[흐르는]	eau courante [흐르는 물]
[현행의]	au prix courant [시가로] affaires courantes [일상업무]

6) tout

남성단수	여성단수	남성복수	여성복수
tout	toute	tous	toutes
tout le temps [항상] toute la nuit [밤새] toutes les filles [모든 소녀들]			

풀이 및 해석

1. Il s'agit : [___ 에 관한 것이다]

   ☒ d'une promotion de voyage. [여행판촉]

   ☐ d'une réduction sur le prix d'un bateau. [배 값의 할인]

   ☐ de soldes de vêtements. [의류 할인판매]

2. LASTMINUTE.COM est le site ____________ :
   [LASTMINUTE.COM 는 ______ 싸이트다]

   ☒ d'une agence de voyage [여행사]

   ☐ d'une agence immobilière [부동산]

   ☐ d'une agence des marchandises [상품 대리점]

3. Supposons que le prix d'un séjour en France pendant l'été soit de 1000 euros. Si vous acceptez cette offre, combien de l'argent devrez-vous payer?
   [여름 동안 프랑스에서 체류하는 드는 정상 가격이 천 유로라고 가정하자. 만일 이 제안을 받아들인다면, 당신은 얼마를 지불해야 하는가?]

   On paie 600 euros parce qu'on peut avoir une réduction de 40%.
   [40% 할인을 받기 때문에 600 유로를 낸다]

4. On peut acheter un billet d'avion à prix réduit avec jusqu'à moins de soixante pour cents de réduction à n'importe quand.
   [우린 아무 때나 60% 할인가에 비행기표를 살 수 있다]

   ☐ VRAI ☒ FAUX

   En ce moment à voir des promos vols jusqu'à - 60 %! Attention les stocks sont limités!

TROISIÈME PARTIE

쓰기평가(Production écrite)

작문에 관한 문제로서 다음 두 가지 유형이 제시 된다 :

- 여행에 대한 느낌을 일기로 적거나 여행 중 친구나 가족에게 보내는 안부
- 편지를 통한 상대방의 제의나 의도에 대한 거부 회신 또는 답장

TROISIÈME PARTIE : Exercice 1 유형의 주요 구성 분석

주어진 삽화를 토대로 일기를 작성하거나 편지 또는 e-mail과 관련한 작문문제의 유형으로서 편지의 경우는 DELF A1에 상세히 기술되어 있고, 충분한 연습을 할 수 있으므로 여기서는 일기에 대한 내용을 다룬다. 일기의 경우, 일정한 형식을 갖추어야 하는 편지와는 달리 형식면에서는 자유롭다. 반면, 일기에서 강조되어야 할 사항은 자신의 느낌을 충분히 전달해야 한다는 점이다. 게다가 삽화가 주어지기 때문에 특정한 장소나 기념물에 대한 느낌을 충분히 전달하기 위해서는 프랑스 문화 혹은 문화재, 기념물에 대한 사전 지식이 필요하다.

Troixième Partie

PRODUCTION ÉCRITE

■ Exercice 1

Vous avez fait un voyage d'une semaine à Paris. Vous racontez dans votre journal personnel ce que vous avez fait, jour après jour. Vous parlez de vos impressions sur la vie à Paris.
Ecrivez un texte de 60 à 80 mots.

<Notre Dame de Paris>

<Panthéon>

<Musee du Louvre>

<Tour Eiffel>

<Avenue de Champs-Elysées>

<Avenue des Champs-Elysées>

내 용

Vous avez fait un voyage d'une semaine à Paris. Vous racontez dans votre journal personnel ce que vous avez fait, jour après jour. Vous parlez de vos impressions sur la vie à Paris.
Ecrivez un texte de 60 à 80 mots.
[당신은 일주일 동안 파리를 여행했다. 일기장에 당신이 하루 하루 한 일을 적으시오. 파리에서의 생활에 대한 당신의 느낌을 말하시오]
[60에서 80 단어로 쓰시오]

1) un voyage

[여행]	voyage à pied [도보여행] voyage d'étude [수학여행] faire un voyage en Italie [이탈리아 여행을 하다]

2) raconter

[이야기하다]	raconter en détails son voyage [여행담을 상세히 말하다]
[근거없는 말을 하다]	Qu'est-ce que tu racontes? [너 뭔 소리 하는거야?]

3) un journal

[신문]	journaux du matin(soir) [조간(석간) 신문]
[일기]	écrire son journal [일기를 쓰다]

• 명사의 복수형

-al	-aux	un cheval [말] - des chevaux	un journal [신문] - des journaux
예외적인 경우			
	-als	un bal [무도회] - des bals	un festival [페스티발] - des festivals

4) personnel

[개인적인]	Il ne pense qu'à son intérêt personnel. [개인 이익만 생각한다]

• 형용사의 여성형

-el : -elle	cruel [잔인한] - cruelle　　nul [형편없는] - nulle

5) ce : 중성관계절을 유도한다
Je ne comprends pas ce que tu dis. [네가 말하는 것을 이해 못하겠어]

풀이 및 해석

le 4 janvier [1월 4일]

Aujourd'hui, j'ai visité la Cathédrale de Notre Dame et ça me rappelle le dessin animé "le bossu de Notre Dame". Il y avait du soleil et les vitraux étaient magnifiques.
[오늘, 나는 노트르담 성당을 방문했는데 "노트르담의 꼽추"라는 만화영화가 생각났다. 태양이 반짝였는데, 유리창이 너무도 찬란했다]

le 5 janvier [1월 5일]

Je suis allé(e) voir les Invalides. Autrefois, c'était un hôpital pour les soldats blessés. Il y avait aussi un tombeau de Napoléon Ier, un grand héros de la France. Demain, je vais visiter le musée du Louvre.
[나는 앵발리드를 보러 갔었다. 옛날에 이곳은 부상병들을 위한 병원이었다. 또한 이곳에는 프랑스의 위대한 영웅이었던 나폴레옹 황제의 무덤이 있었다. 내일, 나는 루브르 박물관을 방문할 것이다]

le 6 janvier [1월 6일]

Je me suis levé(e) tôt pour aller au musée du Louvre. Il y avait beaucoup de monde devant un tableau, et c'était la "Joconde". Elle me regardait avec un beau sourire. Et, j'ai vu la statue la "Vénus de Milo". Elle était très belle.
[나는 루브르 박물관을 가기 위해 일찍 일어났다. 한 그림 앞에 많은 사람들이 있었는데, 그것은 "모나리자"였다. 그녀는 아름다운 미소와 함께 나를 보고 있었다. 그리고 나는 "밀로의 비너스" 조각상을 보았다. 그녀는 매우 아름다웠다.]

le 7 janvier [1월 7일]

La Tour Eiffel est l'un des monuments qui représentent la France. J'ai pris un ascenseur pour y monter. C'était très haut et je pouvais voir tout Paris sous mes pieds.
[에펠탑은 프랑스를 대표하는 기념물들 중의 하나이다. 나는 그곳에 오르기 위해 엘리베이터를 탔다. 에펠탑은 정말 높았고 나는 발 아래로 파리 전체를 볼 수 있었다]

le 8 janvier [1월 8일]

Ce soir, je suis allé(e) à l'Avenue des Champs-Elysées. Il y avait beaucoup de boutiques célèbres. Après avoir visité l'Arc de Triomphe, j'ai dîné au restaurant. Je pense que Paris est une ville d'art. Je repars demain mais je garderai toujours un beau souvenir de Paris.
[오늘 저녁, 나는 샹젤리제 거리를 갔다. 유명한 많은 상점들이 있었다. 개선문을 보고 난 후, 나는 식당에서 저녁을 먹었다. 나는 파리가 예술의 도시라는 생각을 한다. 내일 떠나지만 파리에 대한 좋은 추억을 항상 간직할 것이다]

1) rappeler

[다시 부르다]	Il est occupé, rappelez-le plus tard. [그는 바쁘니까 조금 후에 다시 전화 하세요]
[생각나게 하다]	Cet enfant me rappelle son père. [이 아이를 보면 그의 아버지가 생각난다]

2) magnifique

[찬란한, 멋진]	une vue magnifique [웅장한 관경] une femme magnifique [멋진 여인]

3) héros [영웅]

• 프랑스어에서 몇몇 단어들은 유음의 h 로 시작하는데, 발음이 실제로 되지는 않지만 과거에 발음이 되었던 관습이 그대로 내려오고 있다. 주의할 점은 묵음의 h 경우 축약이나 연독이 가능한 반면, 유음의 h 는 불가능하다.

묵음 h	habiter heure hier histoire hiver homme hôtel
유음 h	halle haut héros

4) tôt

[일찍]	se lever (coucher) tôt [일찍 일어나다 (잠자리에 들다)]
[비인칭구문]	Il est trop tôt pour savoir le résultat. [결과를 알기에는 너무 이르다]

5) beau(belle)

[아름다운]	une belle fleur [아름다운 꽃] belle femme [아름다운 여인]
[날씨가 좋은]	Il fait beau. [날씨가 좋다]
[상당한]	une belle somme [상당한 금액]

• 모음, 묵음의 h 로 시작하는 남성 단수 앞에서 어떤 형용사들은 그 형태가 변한다:

남성단수	모음, 묵음의 h 의 남성 단수	여성단수
mou [물렁한]	mol	molle
beau [아름다운]	bel arbre	belle fille
vieux [낡은]	vieil homme	vieille femme

6) un tableau

[그림]	un tableau célèbre [유명한 그림]
[칠판]	un tableau noir [흑판]

7) garder

[돌보다]	garder un enfant (un malade) [아이(환자)를 돌보다]
[간직하다]	garder un secret [비밀을 간직하다]

Troixième Partie

PRODUCTION ÉCRITE

■ Exercice 1

Vous avez fait un voyage d'une semaine à Séoul. Vous racontez dans votre journal personnel ce que vous avez fait, jour après jour. Vous parlez de vos impressions sur la vie à Séoul.
Ecrivez un texte de 60 à 80 mots.

<Insadong>

<Palais Duksou>

<allée Mokja>

<Minsokchon>

200 Exercice 1

풀이 및 해석

Le 4 février

Je suis allé(e) à Insadong. C'est un quartier très intéressant et j'y ai trouvé des objets traditionnels. J'ai acheté deux tableaux folkloriques pour donner à des amis français comme cadeau.
[나는 인사동에 갔었는데, 그 곳은 매우 흥미로운 동네였고 한국의 전통적인 물건들을 볼 수 있었다. 나는 프랑스 친구들에게 선물을 하기 위해 민속그림을 두 점 샀다]

le 5 février

J'ai visité le palais Duksou. C'est un grand palais où les rois vivaient et aujourd'hui une sorte de parc payant. Il y avait un très beau jardin et je m'y suis promené(e). C'était très calme malgré qu'il se trouve au milieu de Séoul. Il y avait aussi une exposition au musée.
[나는 덕수궁을 방문했다. 그 곳은 왕들이 살던 커다란 궁이었는데 지금은 일종의 유로 공원이 되었다. 아주 아름다운 정원이 있었고 나는 그곳을 산책했다. 서울 한 복판에 위치해 있음에도 불구하고 매우 조용했다. 또한 미술관에서 전시회도 있었다]

Le 6 février

Aujourd'hui, je suis allé(e) dans un quartier très amusant qui s'appelle "Mokjagolmok". Il y avait d'étalages de nourriture tout au long d'une allée. Comme j'avais faim, j'ai mangé beaucoup de choses avec de jeunes coréens. D'ailleurs, ça ne coûtait pas cher du tout.
[오늘, 나는 먹자골목이라고 불리우는 아주 재미난 곳에 갔었다. 골목길을 따라 먹을 것이 아주 많았다. 배가 고팠던 나는 한국 젊은이들과 함께 많은 것을 먹었다. 게다가, 값이 전혀 비싸지 않았다]

le 7 février

J'ai décidé d'aller visiter la ville traditionnelle appelée "Minsokchon". Mes amis français qui ont déjà visité la Corée m'ont beaucoup parlé de cette ville. Ça a pris une heure et demie de Séoul en bus. Il y avait des habitants qui portaient des costumes folkloriques. J'ai pu y voir la vie traditionnelle de la Corée. Et puis, il y avait un spectacle de danse. Un homme et une femme ont dansé en portant des masques appelées "Tal".

En visitant la Corée, j'ai eu l'impression que ce pays avait deux caractères, d'une part le passé, et d'autre part, le présent.
[나는 민속촌이라고 불리우는 전통 마을을 방문하기로 마음먹었다. 한국을 이미 방문했던 프랑스 친구들이 이 마을에 대해 내게 많이 얘기해주었었다. 그 곳은 서울에서 버스로 한 시간 반이 걸렸다. 한국의 민속 의상을 입은 마을 사람들이 있었다. 나는 그 곳에서 한국의 전통적인 삶을 볼 수 있었다. 그리고 나서 춤 공연이 있었는데 탈이라고 불리우는 가면을 쓴 한 남자와 여자가 춤을 추었다.
한국을 방문하면서, 나는 이 나라가 과거와 현재라는 두 가지 특징을 가지고 있다는 느낌을 받았다]

1) le quartier

[지역, 동네]	quartier résidentiel [주택가] quartier latin à Paris [파리의 라틴 가]
[4분의 1]	un quartier de fromage [치즈 4분의 1]

2) un roi [왕]

남성과 여성의 형태가 다른 명사들	
un boeuf [황소] - une vache	un coq [수탁] - une poule
un empereur [황제] - une impératrice	un roi [왕] - une reine
un copain [친구] - une copine	un garçon [소년] - une fille
Monsieur [남자존칭] - Madame	un serviteur [종업원] - une serveuse

3) payant(e)

[유로의]	spectateurs payants [유로 관람객] billet payant [유료 입장권]

4) malgré que + 접속법 [-에도 불구하고]

• 접속법

Je	-e	Nous	-ions
Tu	-es	Vous	-iez
Il, Elle	-e	Ils, Elles	-ent

접속법이 사용되는 구

- 시간 : avant que [-전에]   jusqu'à ce que [-까지]
  ... avant qu'il soit trop tard [너무 늦기전에]
  ... jusqu'à ce que j'arrive [내가 도착할 때까지]

- 양보 : bien que [-에도 불구하고]   quoique [-임에도]
  ... bien qu'il soit malade [그가 아픔에도 불구하고]

- 목적 : afin que, pour que [-하기 위해]
  ... pour que je puisse travailler [-내가 일을 할 수 있기 위해]

- 추측, 가정 : à condition que [-하는 조건하에]
  ... Il vient à condition que le temps le permette
  [시간이 허용된다는 조건 하에 그는 올 것이다]

5) 양 (quantité)과 강도 (intensité)를 나타내는 부사들

많이	충분히	강하게	거의	너무
beaucoup	assez	fort	presque	trop

Il mange beaucoup. [그는 많이 먹는다]
Il aime beaucoup le football. [그는 축구를 매우 좋아한다]
Il travaille trop. [그는 너무 일을 한다]

6) 가격에 관계되는 표현

Ça coûte combien?	Ça coûte X.
C'est combien?	C'est X.
Ça fait combien?	Ça fait X.
Je vous dois combien?	

Troixième Partie
PRODUCTION ÉCRITE

■ Exercice 1

Vous avez fait un voyage d'une semaine en Angleterre. Vous racontez dans votre journal personnel ce que vous avez fait, jour après jour. Vous parlez de vos impressions sur la vie en Angleterre.
Ecrivez un texte de 60 à 80 mots.

<Relève de la Garde>

<Pont de Londres>

<Musée national d'Angleterre>

<Université Oxford>

TROISIÈME PARTIE

풀이 및 해석

le 6 juillet

Je suis allé(e) voir la relève de la Garde parce que c'est très connu. Il y avait plein de monde et ils se sont bousculés pour mieux voir le spectacle. Les gardes étaient grands et j'avais l'impression qu'ils étaient comme des soldats de plomb.
[나는 근무 교대식을 보러 갔는데 왜냐하면 이것은 많이 알려져 있었기 때문이었다. 사람들이 정말 많았고 이 광경을 좀 더 잘 보기 위해 사람들은 서로 밀치곤 했다. 근위병들을 키가 컸는데 나는 이들이 병정인형 같다는 인상을 받았다]

le 7 juillet

Je suis allé au pont de Londres ce soir parce qu'on m'a dit qu'il fallait y aller le soir pour voir de belles lumières. La vue du soir était superbe avec le fleuve sous le pont. Il y avait beaucoup de jeunes couples qui se promenaient sur le pont.
[나는 오늘 저녁에 런던 다리에 갔는데 왜냐하면 사람들이 내게 말하기 아름다운 조명을 보기 위해서는 저녁에 가야 한다고 했기 때문이었다. 저녁 광경은 다리 밑으로 흐르는 강과 함께 아주 훌륭했다. 그 곳에는 다리 위를 산책하는 젊은 여인들이 많았다]

le 8 juillet

J'ai visité le musée national d'Angleterre. Tout d'abord, j'ai été étonné(e) par son aspect grandiose. On m'a dit qu'il était le plus grand musée du monde. Beaucoup de gens faisaient la queue pour y entrer. Comme il y avait trop de choses à voir, je me suis senti(e) très fatigué(e).
[나는 대영박물관을 방문하였다. 우선, 그 웅장함에 놀랐다. 사람들이 말하길 이 박물관이 세계에서 제일 큰 박물관이라고 했다. 많은 사람들이 박물관 안으로 들어가기 위해 줄을 섰다. 볼 것이 너무도 많았기 때문에 나는 피곤함을 느꼈다]

le 9 juillet

J'ai visité l'université Oxford, très réputée dans le monde entier. Les bâtiments étaient à la fois très anciens et magnifiques. D'ailleurs, j'ai pu voir l'endroit où le fameux film "Harry Porter" a été tourné. J'ai espéré que j'aurais la chance d'étudier ici un jour.
[나는 옥스퍼드 대학을 방문했는데 이 대학은 전 세계적으로 큰 명성을 얻고 있었다. 건물

들은 오래된 동시에 웅장했다. 게다가, 나는 유명한 영화인 "헤리포터"가 촬영되었전 장소을 볼 수 있었다. 나는 언젠가 이곳에서 공부할 수 있는 기회가 오기를 바랬다]

1) plein(e) de

[-로 가득 찬]	La plage est pleine de monde. [해변은 사람으로 가득하다] homme plein d'idées [기지가 풍부한 사람]

2) le monde

[세계, 지구]	faire le tour du monde [세계일주를 하다] partout dans le monde [세계 도처에서]
[사람들]	beaucoup de monde [많은 사람들] tout le monde [모든 사람들]

3) des → de (d' +모음) + 형용사 + 명사

J'ai passé des vacances bien amusantes. [나는 아주 재미있는 휴가를 보냈어]

J'ai passé de bonnes vacances. [나는 좋은 휴가를 보냈어]

(d'excellentes vacances)

4) 화법

① 직접화법

말을 하는 화자가 누군가가 했던 말을 단순히 되풀이하는 방식으로 : 와 ≪ ≫으로 구분된다 :

Il m'a dit : ≪Je t'aide.≫

[그는 내게 말했다 : ≪내가 얼마나 너를 찾았는데.≫]

2) 간접화법

보어의 형태와 도입 동사에 관련하여 간접적인 방식으로 표현하는 화법이다.

Il m'a dit qu'il m'aiderait. [그는 나를 돕겠다고 내게 말했다]

직접화법의 문장에서 주절의 동사의 시제가 직설법, 미래 또는 조건법인 경우 간접화법으로 바뀌었을 때 동사의 시제에는 변화가 없다. 반면, 주절의 동사가 과거시제인 경우 직접화법에서 간접화법으로 바꿀 때 보어절의 시제에 변화가 생긴다. 간접화법을 유도하는 동사에는 다음과 같은 것들이 있다

208 Exercice 1

dit	affirmé	annoncé	déclaré	assuré	expliqué
précisé	répondu	reconnu	admis	avoué	ajouté

a) 명령법 → 부정법 (l'infinitif)

Il m'a ordonné :≪Pars immédiatement.≫ [그는 내게 명령했다 : <즉시 떠나>]
→ Il m'a ordonné de partir immédiatement.

b) 동사의 시제변화

• 현재 → 반과거
Il a dit : ≪Je suis content de ce résultat≫ [그는 말했다 : <이 결과에 만족해]
→ Il a dit qu'il était content de ce résultat.

• 복합과거 → 대과거
Il a avoué : ≪J'ai commis une erreur≫ [그는 자백했다 : <내가 잘못을 했어>]
→ Il a avoué qu'il avait commis une erreur.
[그는 대답했다 : <나 파리에 막 도착했어>]
→ Il a répondu qu'il venait d'arriver à Paris.

• 단순미래 → 조건법 현재
Il a annoncé : ≪Je reviendrai bientôt.≫ [그는 말했다 : <곧 돌아올께>]
→ Il a annoncé qu'il reviendrait bientôt.

• 전미래 → 조건법 과거
Il a dit : ≪Je reviendrai quand j'aurai terminé le travail≫
→ Il a dit qu'il reviendrait quand il aurait terminé le travail.

• 근접미래 (aller + 동사의 원형) → aller 의 반과거 + 동사의 원형
Il a dit : ≪Je vais acheter une voiture .≫
→ Il a dit qu'il allait acheter une voiture.

TROISIÈME PARTIE : Exercice 2 유형의 주요 구성 분석

편지나 e-mail의 답장에 관한 글을 작성하는 작문에 관한 문제로서, 이와 관련하여 다음과 같은 사항들을 주목해야 한다. 특히 부탁이나 제의를 거절하는 경우 사람이 아무리 좋아도 모든 사람들이 하는 부탁이나 제의를 수락할 수는 없다. 문제는 어떻게 상대방의 기분을 상하지 않게 하면서 거절을 하는 것이냐가 관건이다. 상대방의 부탁이나 제안을 거절할 때는 아주 신경을 써야 한다. 일단 부탁을 들어줄 수 없는 것에 대해 미안하다는 말을 하고 가능한 한 자신이 상대방의 부탁을 거절할 수 밖에 없는 상황에 처해 있다는 것을 밝힌다.

1) 일반적인 거절

- 상대방의 부탁이나 제의를 수락하지 못하는 점에 대해 아쉬워하는 마음을 전하는 표현을 통해 거절의 뉘앙스를 완화시킨다

2) 아주 명확하게 거절의 뜻을 밝히는 경우

- 도저히 물러설 수 없다거나, 말도 안된다고 생각할 때 자신의 의사 표시를 분명히 해야 하는 경우 이런 표현을 사용한다. 우물쭈물하고 질질 끄는 것 보다 자신의 뜻을 확실하게 못박아 두는 것이 때로는 오히려 상대방에 대한 예의가 될 수도 있다. 유의해야 할 사항은 상황판단을 잘 해야 한다는 것이다. 그리고 이와 같은 표현들은 주로 친한 친구들 사이에 사용하는 것이 일반적이다.

Troixième Partie
PRODUCTION ÉCRITE

■ Exercice 2

Lyon, le 12 janvier

Salut,

J'ai huit jours de vacances du 15 au 23 janvier. Je vais faire du ski dans les Alpes avec des amis. Est-ce que tu peux venir avec nous ? Nous avons tout préparé et tu n'as qu'à venir.

Si oui, téléphone-moi.
Je t'embrasse

Olivier

Vous avez reçu cette lettre. Vous répondez à Jean. : vous le remerciez mais vous ne pouvez pas accepter son invitation ; vous expliquez pourquoi et vous lui proposez autre chose. (60 à 80 mots)

내 용

Lyon, le 12 janvier[리용, 1월 12일] Salut [안녕] J'ai huit jours de vacances, du 15 au 23 janvier. Je vais faire du ski aux Alpes avec des amis. Est-ce que tu peux venir avec nous ? Nous avons tout préparé et tu n'as qu'à venir. [나 1월 15일부터 23일까지 8일간 휴가야. 친구들과 함께 알프스로 스키타러 갈꺼야. 너 우리랑 같이 갈래 ? 우리가 다 준비했고 너는 오기만 하면 돼.] Si oui, téléphone-moi. [오고 싶으면 나에게 전화해] Je t'embrsasse Olivier

Vous avez reçu cette lettre. Vous répondez à Jean. : vous le remerciez mais vous ne pouvez pas accepter son invitation ; vous expliquez pourquoi et vous lui proposez autre chose. (60 à 80 mots)
[당신은 이 편지를 받았습니다. 장에게 답장을 합니다 : 초대는 감사하지만 그의 초대를 받아들 수가 없습니다 ; 왜 그런지와 그에게 다른 것을 제안 하세요]

1) ne - que

[단지 : seulement]	Il n'a que de l'argent. [그는 돈만 있다]

2) 편지 형식

① 편지의 서두

a) 공식적인 편지

- 상대방의 직함에 해당하는 명칭을 적는다.
  Monsieur le Directeur, Monsieur le Président...

- 직책상 나와 동등한 위치에 있는 사람에게
  Cher collègue, cher confrère...

b) 부모나 친한 친구에게
- Mon cher ami (Ma chère amie), Cher Paul...
  Mon cher oncle, Cher papa, Chère maman...

② 편지의 끝

편지의 마지막 인사말은 과거보다는 훨씬 간편해지긴 했지만 그러나 상대방의 관계에 따라, 그리고 편지의 내용에 따라서는 지켜야 할 예의의 말들을 반드시 적어야 한다

a) 공식적인 편지
- 자신보다 상관인 경우
  Je vous prie d'agréer, Monsieur le 직책.
  l'expression de mes sentiments les meilleurs.
- 동등한 위치인 경우
  Je vous prie d'agréer mes sentiments distingués.

b) 부모나 친한 친구에게
- 친구, 부모에게
  Amicalement, bien à toi.
  Je t'embrasse, affecteusement.

풀이 및 해석

Paris, le 14 janvier

Cher Olivier,

J'ai bien reçu ta lettre et merci pour ton invitation. Tu sais bien que j'adore skier? Je voudrais bien y aller avec toi mais je ne peux pas.
[너의 편지를 잘 받았고 초대해 줘서 고마워. 내가 스키타는 것을 아주 좋아한다는 것을 너도 잘 알지? 나도 너와 함께 그 곳에 가고 싶지만 그럴 수가 없어]
Du 15 au 20, je dois travailler. Après, j'ai trois jours de congés et je vais aller en Italie. Tu connais mon copain italien Giovanni? Il m'a invité chez lui.
[15일부터 20일은 나 일해야 돼. 그리고 나서 3일간 휴가인데 이탈리아에 갈 꺼야.내 이탈리아 친구 지오바니 알지? 그 친구가 나를 집으로 초대했어]
En fait, comme l'Italie n'est pas loin des Alpes, je te propose de nous rejoindre. Qu'est-ce que tu penses de ma proposition?
[그런데 이탈리아가 알프스에서 멀지 않으니까 너 우리와 합류하자. 내 제안에 대해 어떻게 생각해?]
De toute façon, il te reste encore trois jours de congé, n'est-ce pas? D'ailleurs, Giovanni est un bon cuisiner, et on pourra goûter plein de plats italiens.
[어쨌든, 너는 3일간의 휴가가 남게 되잖아? 그렇지 않아? 게다가, 지오바니는 음식을 아주 잘하니까 우린 많은 이탈리아 음식을 맛볼 수 있을거야]
Si tu es d'accord, rappelle-moi.
[동의하면 내게 전화해줘]

Je t'embrasse,

Xavier

1) 감사의 표현

Je vous remercie beaucoup.	Vous êtes gentil(le).	Je vous en prie.
Merci beaucoup.		De rien. Mais non.
		Il n'y a pas de quoi.

2) 독립절에서의 조건법

- 추측에 연관되어 발생될 수 있는 일

  Ne faites pas de bruit; l'enfant va se réveiller.
  [소리내지 마세요. 애가 깰 수도 있어요]

- 부드럽거나 겸손의 표현이나 확실하지 않은 가정

  Je voudrais vous parler. [당신과 말하고 싶어요]
  On dirait qu'il a peur. [그가 두려워하는 것 같은데]

3) 거절에 관계되는 표현들

Je	suis désolé(e)	mais	je ne peux pas.
	voudrais bien		
	veux bien		

4) comme

[-처럼]	Je veux être médecin comme vous. [나도 당신처럼 의사가 되고싶어요]
[-때문에]	Comme il est malade, il ne peut pas venir. [그는 아파서 올 수 없어요]
[-로서]	Que voulez-vous comme dessert? [후식으로 무엇을 드실래요?]

Troixième Partie
PRODUCTION ÉCRITE

■ Exercice 2

Paris, le 21 juin

Salut,

C'est bientôt les vacances d'été et je les attendais depuis longtemps. On ne s'est pas vu depuis que tu as déménagé à Paris. Tu connais mon oncle qui habite au bord de la mer ? Il va partir en Europe pendant un mois et il m'a demandé de garder sa maison pendant ce temps-là. Comme je sais très bien que tu adores la mer, je te propose de venir passer les vacances chez mon oncle avec moi.
Je suis sûr qu'on va bien s'amuser.
Réponds-moi le plus vite possible.
Si tu veux, tu peux venir avec tes amis de Paris.

Je t'embrasse.

Jean

Vous avez reçu cette lettre. Vous répondez à Jean. : vous le remerciez mais vous ne pouvez pas accepter son invitation ; vous expliquez pourquoi et vous lui proposez autre chose. (60 à 80 mots).

내 용

Paris, le 21 juin

Salut,

C'est bientôt les vacances d'été et je les attendais depuis longtemps. On ne s'est pas vu depuis que tu as déménagé à Paris. Tu connais mon oncle qui habite au bord de la mer?
[곧 여름방학이고 나는 오래 전부터 이 방학을 기다렸어. 네가 이사 간 후로는 우리 만나지 못했지? 너 바닷가 근처에 살고 있는 내 삼촌 아니?]
Il va partir en Europe pendant un mois et il m'a demandé de garder sa maison pendant ce temps-là. Comme je sais très bien que tu adores la mer, je te propose de venir passer les vacances chez mon oncle avec moi. Je suis sûr qu'on va bien s'amuser.
[삼촌이 한 달 동안 유럽으로 떠날 껀데 나에게 그 동안 집을 봐달라고 부탁했어. 네가 바다를 좋아한다는 것을 내가 잘 알고 있으니까 나와 함께 삼촌댁에서 방학을 보내자고 제안할게. 아주 재미있게 놀 거라고 확신해.]
Réponds-moi le plus vite possible.
[가능한 한 빨리 답변을 줘]
Si tu veux, tu peux venir avec tes amis à Paris.
[네가 원하면 파리에 있는 네 친구들과 함께 와도 돼]
Je t'embrasse.

Jean

1) dès 와 depuis

dès 와 depuis 는 둘 다 시간 속에서 출발점을 나타내지만, dès 가 행위나 사건이 즉각적으로 발생하는 것을 나타내는 반면 depuis 는 행위나 사건이 지속되는 경우에 사용된다 :

Il travaille dès 5 heures du matin. [그는 아침 5시부터 일한다]

J'habite à Paris depuis 3 ans. [나는 3년 전부터 파리에 살고 있다]

2) 간접화법에서의 명령법 → 부정법 (l'infinitif)

Il m'a ordonné (demandé) : ≪Pars immédiatement≫

[그는 내게 명령했다 : <즉시 떠나>]

→ Il m'a ordonné de partir immédiatement.

풀이 및 해석

Paris, le 25 juin

Salut

J'ai été tellement heureux(se) de recevoir ta lettre. Je voulais te donner de mes nouvelles, mais j'étais trop occupé(e). J'aurais aimer passer mes vacances avec toi, mais j'ai déjà un autre projet.
[너의 편지를 받고 정말 기뻤어. 너에게 소식을 전하려고 했지만 너무 바빴었어. 너와 함께 나도 방학을 보내고 싶지만 이미 다른 계획이 있거든]
Mes amis m'ont proposé d'aller à la montagne pendant ces vacances et on a loué un petit chalet. Jusqu'à quand dois-tu garder la maison de ton oncle?
[내 친구들이 이번 방학 동안 산에 가자고 제안을 해서 조그마한 산장을 빌렸어. 너 언제까지 네 삼촌의 집을 봐줘야 하니?]
Comme les vacances d'été durent deux mois, alors, je voudrais que tu viennes ici si tu as le temps. Ce sera une bonne expérience pour toi de te reposer à la montagne.
[여름 방학이 두 달이니까, 너 시간이 있으면 여기로 왔으면 해. 산 한가운데서 쉬는 것이 너에게는 좋은 경험이 될꺼야]
C'est très calme et l'air y est très frais. On s'y sent bien à l'aise. On va rester au chalet du 2 juillet au 30 août.
[아주 조용하고 공기도 아주 맑아. 아주 편안함을 느낄 수 있지. 우린 산장에서 7월 2일부터 8월 30일까지 머물꺼야]
J'attends ta réponse. [너의 소식 기다릴게]

Je t'embrasse.

Pierre

1) occupé(e)

[바쁜]	Je suis occupé(e) en ce moment. [지금은 내가 바쁘거든]
[차지된]	Cette place est occupée. [이 좌석은 사람이 있어요] La ligne est occupée. [통화중입니다]

2) tellement

[긍정문 : 그토록]	L'air est tellement bon ici. [여기 공기가 너무 좋아]
[부정문 : 그다지]	Je n'ai pas tellement envie de voir ce film. [이 영화를 그다지 보고 싶지 않아]

3) passer

[자동사]	[지나가다]	Il est passé devant la boutique. [그는 상점 앞을 지났다]
	[상영되다 출연하다]	Le film passe dans les salles d'exclusivité. [그 영화는 개봉관에서 상영된다] Dimanche prochain, Je passe à la télé. [다음 주 일요일, 나 TV에 출연해]
	[흐르다]	Le temps passe vite. [시간이 빨리 흐른다]
[타동사]	[건너다]	passer la frontière [국경을 건너다]
	[보내다]	passer les vacances à la mer [바다에서 휴가를 보내다]

Troixième Partie
PRODUCTION ÉCRITE

■ Exercice 2

le 6 décembre

Salut Isabelle,

J'ai 17 ans le 20 décembre. J'invite des amis du lycée chez moi ce vendredi vers 19 h. On va danser et chanter toute la nuit. Tu peux venir? Si tu veux, tu peux aussi venir avec ta soeur Léa.

À vendredi, je t'embrasse

Xavier

Vous avez reçu cette lettre. Vous répondez à Xavier. : vous le remerciez mais vous ne pouvez pas accepter son invitation ; vous expliquez pourquoi et vous lui proposez autre chose. (60 à 80 mots)

내 용

le 6 décembre

Salut Isabelle[안녕 이자벨],

J'ai 17 ans le 20 décembre. J'invite des amis du lycée chez moi ce vendredi vers 19 h. On va danser et chanter toute la nuit. Tu peux venir? Si tu veux, tu peux aussi venir avec ta soeur Léa.
[12월 20일 나는 17살이 돼. 내 집에 고등학교 친구들을 이번 주 금요일 19시에 초대하기로 했어. 우린 밤새 춤도 추고 노래도 할 꺼야. 너 올 수 있니? 네가 원하면, 네 여동생인 레아도 같이 와도 돼.]
À vendredi, je t'embrasse
[금요일에 보자]

Xavier

1) 달

1월	2월	3월	4월	5월	6월
janvier	février	mars	avril	mai	juin
7월	8월	9월	10월	11월	12월
juillet	août	septembre	octobre	novembre	décembre

2) 요일

월요일	화요일	수요일	목요일	금요일	토요일	일요일
lundi	mardi	mercredi	jeudi	vendredi	samedi	dimanche

3) vers 와 envers

vers 는 물리적인 방향을 나타내거나 대략적인 순간을 나타내는 반면, envers 는 태도나 감정을 표현하는데 사용한다

Il se dirige vers le parc. [그는 공원쪽으로 이동한다]

Il va revenir vers midi. [그는 정오 경에 돌아올꺼야]

Ce médecin est toujours gentil envers ses patients.

[이 의사는 항상 자기 환자들에게 친절하다]

4) aussi 와 aussi

동사나 명사 또는 대명사 뒤에 위치하여 문장의 내부에서 단순한 첨가적 요소로서 기능한다. 이 때의 의미는 [-도 또한] 이다 :

Paul aime le tennis, mais il aime aussi le football.

[뽈은 테니스를 좋아하지만, 축구도 또한 좋아한다]

Moi, je suis étudiant, vous aussi? [나는 학생인데, 당신도 그래요?]

5) pendant

지속성을 나타내는 명사가 뒤에 올 수 있다

Qu'est-ce que tu vas faire pendant les vacances?

[방학 동안에 뭐할꺼니?]

전치사는 다음과 같은 경우 사용되지 않을 수 있다

a) 보어가 숫자인 경우

J'ai dormi pendant deux heures. J'ai dormi deux heures.

[나는 두 시간 동안 잠을 잤다]

b) 보어가 시간을 나타내는 표현인 경우, 형용사 tout(e)가 지속성을 강조할 때

Il a travaillé (pendant) toute la nuit. [그는 밤새 일을 했다]

Il a pleuré (pendant) toute la journée. [그는 하루 종일 울었다]

QUATRIÈME PARTIE

구술평가(Production orale)

▪ 유의 사항

1) **자신의 개인적 의견을 표명할 때**

- 준비시간 동안, 먼저 해야 할 것은 어떤 방식으로 이야기를 전개해나갈 것인가를 결정하는 것이다. 필기시험과는 달리, 감독관 앞에서 구술을 하는 경우, 가장 많은 실수를 하는 것이 바로 두서없는 이야기 전개이다. 사람 앞에서 말을 할 때 당황한 나머지, 자신이 준비한 내용을 충분히 말하지 못하고, 내용이 뒤죽박죽 섞이는 예가 종종 발생하기 때문에, 무엇보다도 사전에 충분한 연습이 필요한 부분이다.
- 가능한 한 쉬운 어휘나 표현을 사용하여 간략하면서 명확한 내용으로 꾸민다. 내용이 너무 장황하거나 수준 높게 보이기 위해 어려운 어휘나 표현을 사용하는 경우 감독관이 내용에 대해 물었을 때 당황한 나머지 자신이 말을 해놓고도 기억을 하지 못하는 수가 발생할 수 있다.

2) **감독관과의 질의 응답을 할 때**

- 솔직해야 한다. 감독관이 질문한 내용을 제대로 듣지 못했거나 이해가 되지 않은 경우, 반드시 [질문을 잘 이해하지 못했습니다. 다시 한번 말씀해 주시겠어요(**Je n'ai pas bien compris votre question. Vous pouvez répéter, s'il vous plaît)?**]라고 하여, 감독관의 질문 의도가 무엇인지를 정확히 아는 것이 중요하다. 질문의 내용을 제대로 이해하지 못했다는 것을 감추기 위해 질문의 내용도 잘 모르는 채 질문에 답변한다는 것은 오히려 엉뚱한 답변을 초래하는 우를 범할 수가 있다.

- 시선을 중시하라. 누군가와 대화를 할 때 상대방의 눈을 보지 않고 말을 하는 경우, 상대방에 대한 실례가 되고, 따라서 상대방의 기분을 상하게 하는 수가 있다. 응시자가 말한 내용과 관계되는 질문이 어휘나 문법 또는 적절한 표현을 사용했는지를 판단하는 언어학적 기준을 알아보려는 것 뿐 아니라, 대화하는 법과 같은 언어 외적인 측면 역시 질의 응답시 점수에 영향을 미칠 수 있는 중요한 요소라는 점을 잊지 말아야 한다.

▪ 시험 유형

1) 시험관이 묻고 응시자가 답하는 과정

- 응시자의 개인 신상에 관한 소개와 감독관의 질의
  응시자는 감독관에게 개인적인 내용을 구두로 말하고 (이름, 가족, 직업, 취미 등) 감독관은 이에 대한 질문을 한다.
- 응시자가 먼저 위에 관련된 사항들을 말하고 나중에 감독관이 질문하는 형식

2) 감독관이 제시하는 주제들 중 선택하여 이에 관한 질의와 응답

- 응시자는 감독관이 제시하는 주제들 중 선택하여 약 10분간의 요약및 정리시간을 가진 후 내용들에 관한 감독관의 질문에 답변하는 형식.

3) 응시자와 감독관이 역할을 정하여 대화하는 형식

- 감독관이 제시하는 특정한 상황에 따라 역할을 분담하여 응시자와 감독관이 대화를 이끌어내는 방식.

QUATRIÈME PARTIE : Exercice 1 내용

<table>
<tr><td rowspan="9">개인 및 가족상황에 대한 질문</td><td colspan="2">이름</td></tr>
<tr><td rowspan="6">가족 소개</td><td>결혼 여부 [기혼인가 미혼인가?]</td></tr>
<tr><td>자녀 여부 [자식이 있는가 없는가?]</td></tr>
<tr><td>자녀의 나이</td></tr>
<tr><td>형제, 자매의 유무</td></tr>
<tr><td>형제, 자매들이 살고 있는 곳</td></tr>
<tr><td>형제, 자매들의 직업</td></tr>
<tr><td colspan="2">국적</td></tr>
<tr><td colspan="2">직업</td></tr>
<tr><td rowspan="4">일상생활에 관한 질문</td><td rowspan="4">하루 일과에 대한 설명</td><td>기상시간과 취침시간</td></tr>
<tr><td>식사시간과 음식 종류</td></tr>
<tr><td>귀가 시간</td></tr>
<tr><td>저녁에 하는 일</td></tr>
<tr><td rowspan="2">선호도</td><td rowspan="2">좋아하는 것에 대한 질문</td><td>음식 또는 스포츠</td></tr>
<tr><td>TV 프로</td></tr>
</table>

Quatrième Partie
PRODUCTION ORALE

■ Exercice 1

1. 개인적인 인적 사항

1) 이름

[당신의 이름은 무엇입니까?]	[제 이름은 X 입니다]
Quel est votre nom?	Je m'appelle X.
C'est quoi, votre nom?	
Comment vous appelez-vous?	
Vous vous appelez comment?	

[당신 이름 철자를 어떻게 쓰죠?]	DUPONT	
Votre nom, comment ça s'écrit?	D come dire	U comme union
[당신 이름을 철자로 불러주세요]	P comme parler	O comme oiseau
Épelez votre nom, s'il vous plait!	N comme nature	T comme temps

2) 국적

[당신의 국적은 어디입니까?]	나는 한국인입니다.
Quelle est votre nationalité?	Je suis coréen(ne).
D'où venez-vous?	Je viens de Corée.

3) 나이

[당신의 나이는 얼마입니까?]	J'ai + 숫자 + ans.
Quel âge avez-vous (Vous avez quel âge)?	

4) 생년월일

[당신의 생년월일은 언제 입니까?]	[나는 ___ 태어났습니다]
Quelle est votre date de naissance?	Je suis né(e) le 06 07 1961.
[당신은 언제 태어났습니까?]	Je suis née(e) en 1961.
Quand est-ce que vous êtes né(e)?	

5) 직업 또는 신분

[당신의 직업은 무엇입니까?]	
Quelle est votre profession?	Je suis étudiant. [나는 학생입니다]
Qu'est-ce que vous faites (dans la vie?)	Je travaille dans un hôpital. [나는 병원에서 일합니다]

6) 거주지

[당신 어디에 사십니까?]	[나는 X 에 살고 있습니다]
Où habitez-vous? (Vous habitez où?)	J'habite à + 도시 이름

7) 고향

[당신 고향은 어디입니까?]	
Quelle est votre ville d'origine?	Je suis d'origine française.
Quel est votre pays natal?	

8) 결혼유무

[결혼 하셨어요?]	
Vous êtes mariée(e)?	Oui, je suis marié. [예, 결혼 했습니다]
	Non, je suis célibataire. [아니오, 독신입니다]

2. 가족에 관한 사항

1) 부모, 형제

[부모]	Vous avez des parents?
[형제, 자매]	Vous avez des frères et des soeurs?

2) 자녀관계

[자녀가 있습니까?]	
Avez-vous des enfants?	Oui, j'en ai deux. [예, 두 명 있습니다]
[몇 명의 자녀가 있습니까?]	
Combien d'enfants avez-vous?	J'ai un garçon et une fille.

3) 가족 일원의 직업이나, 신분

[당신 아버지는 일을 하십니까?]	[아니오, 정년 퇴직 하셨어요]
Est-ce que votre père travaille?	Non, il est à la retraite.
[당신 어머니는 직업이 있으세요?]	[아니오, 가사일을 돌보세요]
Votre mère a un travail?	Non, elle s'occupe de la maison.

3. 취미 또는 여가 생활

1) 좋아하는 것

① 스포츠

[스포츠를 좋아하십니까?]	[예, 아주 좋아합니다]	[아니오, 아주 싫어합니다]
Vous aimez le sport?	Oui, j'adore ça.	Non, je déteste ça.

[어떤 스포츠를 좋아하십니까?]	[나는 축구를 좋아합니다]
Quel sport aimez-vous?	J'aime beaucoup le football.

[운동을 자주 하십니까?]	[일주일에 한번이요]	[매일 아침마다요]
Vous faites souvent du sport?	Une fois par jour.	Tous les matins.

② 영화

[영화를 좋아하십니까?]	예, 좋아합니다.	아니오, 좋아하지 않아요.
Vous aimez le cinéma?	Oui, j'aime bien ça.	Non, je n'aime pas beaucoup ça.

[어떤 종류의 영화를 좋아하십니까?]	[모험 영화를 좋아합니다]
Quel genre de film aimez-vous?	J'aime les films d'aventures.

[극장에는 혼자 가십니까?]	아니오, 친구들과 같이 갑니다.
Vous allez au cinéma tout(e) seul(e)?	Non, j'y vais avec mes amis.

③ TV

[TV를 자주 보나요?]	[하루에 두시간 정도요]
Vous regardez souvent la télé?	Deux heures par jour.

[어떤 프로그램을 좋아하세요?]	[스포츠 시합 보는 걸 좋아해요]
Quel sorte de programme aimez-vous?	J'aime regarder les matchs de sport.

2) 여가 활동

[주말에 뭐하세요?]	[친구들을 만납니다]
Qu'est-ce que vous faites le week-end?	Je rencontre mes amis.

QUATRIÈME PARTIE : Exercice 2 내용

- 응시자의 일상적인 하루 일과에 대한 내용에 대해 말하기
- 다가올 휴가 또는 방학에 대한 응시자의 계획에 대해 말하기
- 기억에 남을만한 추억거리에 대해 말하기
- 응시자의 나라 (한국) 또는 고향에 대해 말하기
- 응시자가 살고 있는 도시에 대해 말하기
- 응시자가 평소에 좋아하거나 존경하는 사람에 대해 말하기

Quatrième Partie
PRODUCTION ORALE

■ Exercice 2

Q : Parlez-moi un peu d'une journée ordinaire.
[당신의 일상생활에 대해 좀 말해보세요]

A : Je me lève à 6 h 30. Je prends un bain. Je m'habille et je pars à l'école. Je ne prends pas mon petit déjeuner chez moi. Je préfère prendre un sandwich au café avec mes copains avant de commencer les cours. À midi, je déjeune au restaurant et nous parlons des études. Je rentre à la maison vers 18h et je dîne avec ma famille à 19 h 30. Puis, je regarde la télé. À 23 h, je me couche.

[나는 6시 30분에 일어납니다. 샤워를 하고 옷을 입고 나서 학교로 출발합니다. 집에서 아침식사를 하지 않습니다, 저는 수업이 시작하기 전에 친구들과 카페에서 샌드위치를 먹는 것을 더 좋아합니다. 정오에는 학교 식당에서 식사를 하고 공부에 대해 이야기를 합니다. 저녁 6시경에 집으로 귀가해서 식구들과 19시 30분에 저녁을 먹습니다. 그리고 나서 TV를 보죠. 23시에 잠자리에 듭니다]

1) 자주 쓰이는 대명동사

s'amuser [즐기다]	Amusez-vous bien! [재미있게 노세요!]
s'asseoir [앉다]	Asseyez-vous! [앉으세요!]
se dépêcher [서두르다]	Dépêchez-vous! Vous êtes en retard. [서두르세요! 늦으셨어요]
se réveiller [잠에서 깨다]	Je me suis réveillé(e) tard. [나 늦게 일어났어]
se souvenir [기억하다]	Je me souviens bien de lui. [나는 그에 대해 잘 기억하고 있어]
se reposer [쉬다]	Reposez-vous! Vous travaillez trop. [쉬세요 ! 너무 일을 많이 하시는군요]

2) 장소를 나타내는 어휘들

bureau [사무실]	cinéma [극장]	église [교회]	hôpital [병원]
librairie [서점]	magasin [상점]	musée [미술관]	classe [교실]
parc [공원]	place [광장]	restaurant [식당]	usine [공장]

3) 줄여서 사용하는 어휘들

restaurant [식당] - restau	télévision [텔레비젼] - télé
réfrigérateur [냉장고] - frigo	dictionnaire [사전] - dico

4) 먹는 것 또는 마시는 것에 관련된 어휘들

마시는 것	une bouteille [병]	le café [커피]	l'eau [물]
	un jus [쥬스]	le lait [우유]	un verre [한잔]
먹는 것	une baguette [바게뜨]	le beurre [버터]	le chocolat [초코렛]
	un fromage [치즈]	le pain [빵]	une glace [아이스크림]
	une pomme [사과]	une pomme de terre [감자]	le riz [쌀]
	le sucre [설탕]	la viande [고기]	
기타	un déjeuner [점심]	un dessert [후식]	le dîner [저녁]
	un marché [시장]	un plat [음식]	

Quatrième Partie
PRODUCTION ORALE

■ Exercice 2

Q : Parlez-moi un peu de vos projets de vacances.
[당신 휴가 (방학)에 대한 계획에 대해 말해보세요]

A : J'ai un grand projet pour ces vacances, c'est de voyager en France. J'ai voulu visiter la France depuis mon entrée à l'université. Pour cela, j'ai gagné de l'argent en travaillant pendant les vacances. Tout d'abord, je vais visiter le musée du Louvre parce que je m'intéresse beaucoup aux tableaux. Après, je veux aussi visiter la Tour Eiffel parce que c'est un des monuments qui représentent la France. Et puis, il y a plein de choses que je veux faire en France. J'espère que ce voyage restera un bon souvenir.
[나는 이번 방학에 큰 계획이 있는데 그것은 프랑스을 방문하는 것입니다. 내가 대학생이 되고서부터 나는 프랑스를 방문하고 싶었어요. 이를 위해 방학 동안에 일을 하면서 돈을 벌었습니다. 무엇보다 우선, 난 루브르 박물관을 방문할 것인데 왜냐하면 그림에 대해 관심이 많기 때문입니다. 그리고 나서, 에펠탑을 보고 싶은데 그 이유는 에펠탑이 프랑스를 상징하는 기념물들 중 하나이기 때문입니다. 그리고, 프랑스에서 내가 보고 싶은 것이 너무도 많아요. 이 여행이 좋은 추억으로 남길 바랍니다]

1) depuis + 시간의 표현 (숫자, 부사, 날짜, 사건)

J'habite à Paris	depuis	trois ans [3년 전부터]
		longtemps [오래전부터]
		le 6 juillet [7월 6일부터]
		la mort de ma femme. [나의 아내가 죽은 후부터]

depuis 가 jusqu'à 와 결합하는 경우, 사건이나 행위의 지속성은 한정된다

Il travaille depuis le matin jusqu'au soir. [그는 아침부터 저녁까지 일을 한다]

2) parce que [- 때문에]

puisque [-인 이상 : 확실한 사실]	Puisque vous le voulez, je partirai. [당신이 원하시니까, 내가 떠나죠]
comme [-이니까 : 문장 앞]	Comme il est gentil, tout le monde l'aime. [그는 착하므로, 모든 사람이 그를 좋아해]
car [그 까닭은 : 문장 연결]	Il n'est pas venu, car il est malade. [그는 오지 않았는데, 그 까닭은 아프기 때문이야]

Quatrième Partie
PRODUCTION ORALE

■ Exercice 2

Q : Parlez-moi d'un bon souvenir.
[당신의 좋은 추억에 대해 말해주세요]

A : Quand j'avais 20 ans, j'ai eu l'occasion de vivre à la campagne pendant deux mois. Les parents de mon ami m'ont invité chez eux pendant les vacances d'été. J'était très heureux(se) parce que c'était la première fois que je pouvais vivre à la campagne. On s'amusait toute la journée; on se baignait à la rivière, on pêchait. Et puis, on parlait beaucoup toute la nuit. Il y avait plein d'étoiles dans le ciel que je n'avais jamais vues à la ville. Pour moi, c'était un merveilleux souvenir et je ne pourrai pas l'oublier de toute ma vie.
[내가 20살 때, 나는 두 달 동안 시골에서 살 기회가 있었습니다. 내 친구의 부모님이 여름 방학 동안 집으로 초대해주셨어요. 나는 매우 기뻤는데, 왜냐하면 내가 시골에서 살 수 있는 것은 처음이었기 때문이었죠. 우린 하루 종일 즐겁게 놀았어요; 강에서 목욕도 하고, 고기도 잡았죠. 그리고 밤새 우린 많은 얘기를 했죠. 내가 도시에서는 결코 볼 수 없었던 수많은 별들이 하늘에 떠 있었어요. 내게는, 아주 좋은 추억이었고 인생에서 결코 잊지 못할거에요.]

1) avoir l'occasion de + 동사원형 : [-할 기회를 갖다]
Venez si vous en avez l'occasion. [기회가 되시면 오세요]

2) en과 pendant의 차이
Le bébé s'est endormi en cinq minutes. [아기는 5분이 지나자 잠이 들었다]
Le bébé a dormi pendant dix heures. [아기는 10시간 동안 잠을 잤다]

어떤 행위가 현실화되기 위해 필요한 시간을 보여주는 숫자로 된 시간의 보어가 뒤따른다. en을 동반하는 동사는 항상 완료상태를 나타낸다 :

3) jamais 의 위치

① 단순형태 : ne - jamais 는 동사 앞 뒤에 위치한다

Elle travaille bien? Non, elle ne travaille jamais.

[그녀는 공부를 잘하니?] [아니, 그녀는 결코 공부를 안해]

② 복합형태 : ne + 조동사 + jamais + 과거분사

Je n'ai jamais rencontré cet homme.

[나는 이 남자를 결코 만난 적이 없다]

Quatrième Partie
PRODUCTION ORALE

■ Exercice 2

Q : Parlez-moi de votre pays. [당신 나라에 대해 말해보세요]

A : Tout d'abord, la Corée est un pays qui a une très longue histoire de 5000 ans. Elle a été souvent envahie par des pays voisins, mais on a survécu contre ces invasions en rassemblant la force des peuples. Le territoire de la Corée se devise en deux ; la Corée du Sud et la Corée du Nord. Pourtant, je suis certain qu'on se réunira un jour et que notre pays deviendra un pays très puissant dans le monde. Il coexiste deux aspects, c'est-à-dire, la modernisation et la tradition, chez nous. D'une part, la Corée est un pays très développé dans le domaine de la technologie de l'information. D'autre part, il existe aussi beaucoup de coutumes traditionnelles et cela permet à notre peuple de partager des sentiments et des mentalités communs. Il est vrai que la Corée a pas mal de problèmes à régler, mais je suis sûr(e) qu'on va les surmonter tous.

[무엇보다 우선, 한국은 5000년 이라는 오랜 역사를 가지고 있는 나라입니다. 강대국들의 많은 침략이 있었지만, 국민들의 힘을 모아 이 침략에 대항하여 살아남았습니다. 한국의 영토는 둘로 나뉘어져 있습니다 ; 남한과 북한. 그러나 나는 우리 가 언젠가 하나로 합쳐지고 우리나라가 세계에서 매우 강한 나라가 될 것이라고 확신합니다. 우리나라에는 두 개의 면, 다시 말해 현대화와 전통이 공존하고 있습니다. 한편으로 한국은 정보기술 분야에서 매우 발전된 국가입니다. 다른 한편으로는 많은 전통 풍습들이 존재하는데 이는 국민들 사이에 감성과 정신을 공유하게 해줍니다. 한국이 해결해야 할 많은 문제들이 있는 것은 사실이지만, 모든 문제들을 극복할 것이라고 확신합니다]

1) 확실성의 정도를 나타내는 구문

Il est certain	que	직설법
Il est très (fort) probable		
Il est probable		
Il n'est pas certain		접속법
Il n'est pas improbable		
Il est assez peu probable		

2) très 와 trop

très 는 형용사 또는 부사를 동반하며 강조의 뜻을 나타내는 반면, trop 는 형용사, 부사 또는 동사와 함께 쓰이면서 [과도, 지나침]의 뜻을 나타낸다 :

Je suis très heureux de vous rencontrer.
[당신을 만나뵙게 되어 매우 기쁩니다]
Il fume trop. [그는 담배를 너무 많이 핀다]

3) aussi 와 même

aussi 는 [또한] 의 의미를 갖는 반면 même 는 강조의 의미로 [게다가, 심지어]라는 뜻을 포함한다 :

J'aime la chanson mais j'aime aussi la danse.
[나는 음악을 좋아하지만, 무용도 좋아한다]
Il parle l'anglais, l'italien et même le français.
[그는 영어, 이탈리아 그리고 심지어 프랑스어까지 말한다]

Quatrième Partie
PRODUCTION ORALE

■ Exercice 2

Q : Parlez-moi de la ville où vous habitez.
[당신이 살고 있는 동네에 대해 말해보세요]

A : J'habite à Yeonhui dong qui se situe au nord de Séoul. C'est un quartier très agréable à vivre. Tout d'abord, l'air y est très frais parce qu'il y a une montagne tout près. D'ailleurs, on peut entretenir sa santé en y montant. Et puis, comme il y a beaucoup de restaurants célèbres dans ce quartier, on peut faire de bons repas avec sa famille. Il ne faut pas oublier de parler des habitants qui sont très gentils et sympas. Ma famille a emménagé dans cette ville quand j'avais 10 ans. Ça fait déjà plus de 35 ans que j'habite ici et je veux y vivre encore plus lontemps.
[나는 서울 북쪽에 위치한 연희동에 살고 있습니다. 이곳은 살기에 아주 좋은 동네입니다. 무엇보다도, 공기가 아주 좋은데, 왜냐하면 아주 가까이에 산이 있기 때문입니다. 게다가, 이곳을 오르면서 우린 좋은 건강을 유지할 수 있습니다. 그리고, 이 동네에는 유명한 식당이 많이 있어서, 가족과 함께 좋은 음식을 맛볼 수 있습니다. 또 아주 친절하고 상냥한 주민들에 대해 말하는 것을 뺄 수가 없습니다. 내 가족은 내가 10살 때 이 동네로 이사를 왔습니다. 내가 여기에 산지 35년이 넘었는데 나는 더 오랫동안 이곳에서 살고 싶습니다]

1) 장소의 변화 또는 이동을 나타내는 동사들

aller [-에 가다]	Je suis allé à l'école. [나는 학교에 갔다]
venir [-에 오다]	Il est venu me voir. [그는 나를 보러 왔다]
arriver [도착하다]	Il est arrivé à l'heure. [그는 정시에 도착했다]
partir [떠나다]	Elle est partie ce matin. [그녀는 오늘 아침에 떠났다]
entrer [들어오다]	Il est entré dans sa chambre. [그는 자기 방으로 들어갔다]
sortir [나가다]	Elle est sortie sans rien dire. [그녀는 아무 말 없이 나갔다]
monter [오르다]	Il est monté à la montagne. [그는 산에 올랐다]
descendre[내려가다]	Il est descendu par l'escalier. [그는 계단으로 내려왔다]
passer [지나가다]	Il est passé par la fenêtre. [그는 창문으로 지나갔다]
tomber [떨어지다]	L'échelle est tombée. [사다리가 쓰러졌다]

2) déjà : [이미] 부정의 경우 ne - jamais 와 관련된다

- Tu as déjà visité le musée du Louvre?
  [너 루브르 박물관을 이미 방문했었니?]
  Non, je ne l'ai jamais visité.
  [아니, 결코 방문한 적이 없어]
- Tu as déjà vu ce film?
  [너 이 영화를 벌써 봤니?]
  Non, je ne l'ai jamais vu.
  [아니, 못봤어]
  Non, je ne l'ai pas encore vu, mais je vais le voir demain.
  [아니 아직 못봤어, 하지만 내일 볼꺼야]

3) ça fait + 시간의 표현(숫자, 부사) + que

Ça fait	un an	que	j'habite à Paris. [내가 파리에 산지 1년 이다]
	peu de temps		[내가 파리에 산지 얼마 되지 않았다]

• voilà + 시간의 표현 (숫자, 부사) + que

Volià	un ans	que	j'habite à Paris.
	peu de temps		

depuis..., il y a ... que, ça fait ... que 와 il y a 는 뒤에 오는 동사의 시제에 따라 구분될 수 있다. 즉, 앞의 세 표현들의 경우 행위가 아직 끝나지 않은 경우를 나타내며 동사가 현재시제인 반면, il y a 의 경우 행위가 완료된 상태를 나타내고 따라서 동사의 시제가 복합과거를 사용하게 된다 :

Il y a deux heures, il a regardé la télé. [두시간 전에, 그는 TV를 봤다]

Il regarde la télé depuis deux heures.	[그는 두시간 전부터 TV를 보고 있다]
Il y a deux heures qu'il regarde la télé.	
Ça fait deux heures qu'il regarde la télé.	

Quatrième Partie
PRODUCTION ORALE

■ Exercice 2

Q : Parlez-moi d'une personne que vous aimez.
[당신이 좋아하는 사람에 대해 말해보세요]

A : J'ai un copain qui s'appelle Xavier. On se connaît bien parce que c'est un ami d'enfance. Tout d'abord, il mesure 1m 80 cm et il est très beau et souriant. Mais, ce n'est pas seulement pour son physique que je l'aime. Il a un caractère très doux et généreux. Il dit bonjour aux autres même s'il ne les connaît pas. Et puis, il n'hésite pas à aider ceux qui sont dans une situation difficile. Par exemple, si vous lui demandez votre chemin, il vous accompagnera jusqu'à cet endroit.
Ce sont des raisons pour laquelles tout le monde l'aime et je suis fier de lui.

[Xavier라고 불리는 친구가 있습니다. 우린 어릴 적 친구이기 때문에 서로 잘 알죠. 무엇보다도, 그는 키가 180cm이고 아주 잘 생겼고 미소를 짓는 얼굴입니다. 그러나, 내가 그를 좋아하는 것은 단지 그의 외모 때문만이 아닙니다. 그는 매우 부드럽고 친절한 성격을 지녔습니다. 그는 설사 그가 모르는 사람일 지라도 인사를 합니다. 그리고, 어려운 상황에 있는 사람을 돕는데 주저하지 않습니다. 예를 들어 그에게 길을 물으면, 그는 그 장소까지 그 사람과 함께 갑니다. 이런 이유로 해서 모든 사람들은 그를 좋아하고 나는 그에 대해 자랑스럽습니다.]

1) quelqu'un : 남성 또는 여성의 사람을 나타낸다

Est-ce qu'il y a quelqu'un? [누구 있습니까?]

Quelqu'un est venu te voir. [어떤 사람이 너를 보러 왔어]

quelqu'un de + 남성 형용사 또는 부사

Comment est-il? C'est quelqu'un de bien.

[그 사람 어때?] [좋은 사람이야]

quelqu'un à + 동사원형

J'ai quelqu'un à voir. (=Je dois voir quelqu'un) [나 봐야 할 사람이 있어]

• quelque chose : 알려지지 않은 사물을 나타낸다

Vous voulez boire quelque chose? [뭐 좀 드시겠어요?]

quelque chose de + 남성 형용사

J'ai entendu à la radio quelque chose de très intéressant.

[라디오에서 아주 흥미로운 것을 들었어]

2) 품질형용사의 위치

일반적으로 프랑스어에서 형용사는 명사의 뒤에 위치한다.

① 명사 뒤에 위치하는 형용사들

물질, 색깔, 형태	un toit rouge [붉은 지붕] une table rode [둥근 탁자]
지리, 국적	la zone tropicale [열대지역] le drapeau français [프랑스 국기]
종교	la morale chrétienne [기독교 정신]
과학 및 기술	la bombe atomique [원자폭탄]
행정, 정치	le parti socialiste [사회당]
예술	la musique classique [고전음악] le style roman [로마양식]

② 명사 앞에 위치하는 형용사들 : 주로 짧은 형용사들이 이에 해당한다

beau	un beau chapeau [아름다운 모자] une belle robe [아름다운 옷]
bon	un bon outil [좋은 연장](un homme bon)
grand	une grande ville [대도시]
gros	une grosse pierre [큰 돌]
joli	une jolie maison [예쁜 집]
long	un long voyage [긴 여행]
mauvais	une mauvaise conduite [나쁜 행동]
petit	un petit homme [키가 작은 남자]

QUATRIÈME PARTIE : Exercice 3 내용

1) 친구와 파티에 대한 계획으로서 감독관은 친구의 역할을 맡게 되며 다음의 내용이 포함된다 :

- 초대할 사람들의 목록, 파티 장소와 날짜, 초대방식 (전화, 편지..)
- 준비해야 할 음식이나 음료수

2) 역이나 공항에서 여러 사람들의 표를 사려고 하는 상황에서 감독관은 표를 파는 직원의 역할을 맡게 되며 다음과 같은 내용이 포함된다 :

- 출발 날짜나 요일, 여행자의 수, 이용하려는 교통편의 등급
- 금연석 또는 흡연석 등의 좌석 선택, 가격 등

Quatrième Partie
PRODUCTION ORALE

■ Exercice 3

A : Alors, tu es prêt(e) à faire la fête?
[그래, 너 축제 준비는 다 했니?]

B : Je ne sais pas. Il y a trop de choses à faire, mais je dois tout préparer tout(e) seule.
[모르겠어. 해야 할 일은 너무도 많은데 나 혼자 다 준비해야 하니까]

A : Bon, je t'aide. D'abord, c'est quand, la fête?
[그럼, 내가 도와줄게. 우선, 축제가 언제지?]

B : C'est le 12 mars. [3월 12일이야]

A : Tu as décidé l'endroit de la fête? [축제 장소는 정했니?]

B : Oui. C'est la maison de mon oncle parce qu'il y a un grand jardin.
[응. 삼촌 집인데 큰 정원이 있거든]

A : Tu as la liste d'invitations? Vous êtes combien?
[너 초대할 사람 목록 있어? 몇 명이야?]

B : Oui, j'ai ajouté deux noms. La voilà. [응, 2명 추가했어. 여기에 있어]

A : 10, 11, 12. Bon, ça fait 12 personnes. Ça fait beaucoup de monde!
[10, 11, 12명. 모두 열 두명이네. 인원이 많네!]
Tu as prévenu tout le monde? [너 모두에게 알렸니?]

B : Bien sûr. Je leur ai téléphoné la semaine dernière et ils sont tous au courant.
[물론이지. 지난주에 전화를 했고 모두 알고 있어]

A : Bon. Tu as fait les courses? [그럼, 너 장은 봤니?]

B : Oui. Ce matin, au supermarché. J'ai déjà pris huit grandes bouteilles de vin, quatre bouteilles de jus d'orange et cinq d'eau minérale. Je crois que je n'ai rien oublié.
[응. 오늘 아침에 슈퍼마켓에서. 이미 8개의 큰 포도주와 오렌지 쥬스 4병, 그리고 물

5병을 샀어. 하나도 잊은 게 없는 것 같아]

A : Tu n'as pas pris de choses à manger? [너 먹을 것은 사지 않았니?]

B : Si. J'ai acheté neuf kilos de fruits, dix baguettes, assez de fromage.
[샀어. 과일 9 킬로, 바게뜨 10개, 그리고 치즈는 충분히]

A : Je crois que tout a l'air parfait.
[모든 것이 준비가 된 것 같은데]

1) prêt(e)

[준비된]	Vous êtes prêt? [준비 됐습니까?]
être prê(e)t à + 동사원형	Je suis prêt(e) à faire ce voyage. [이 여행을 할 준비가 됐다]
pour	Tout est prêt pour la recevoir. [그녀를 맞을 준비를 다 했다]

2) savoir [알다]

je	sais	nous	savons
tu	sais	vous	savez
il, elle	sait	ils, elles	savent
[+명사]	Tu sais cette question? [너 이 문제를 아니?]		
[+동사원형]	Je sais conduire. [나 운전할 줄 알아?]		
[+절]	Tu sais qu'il s'est marié? [너 그가 결혼한 거 알았니?]		

3) 의문문의 유형

① 억양에 의한 의문문

가장 단순한 형태로서 긍정문의 어순을 그대로 유지하면서 문장 끝에 억양을 상승시키며 의문을 나타내는 문장이다. 문어체에서 긍정문과는 의문분호에 의해 구분되며 구어체에서 가장 많이 사용된다.

On va au cinéma? [우리 극장에 갈까?]

Tu pars? [너 떠나는 거야?]

② est-ce que에 의해 도입되는 의문문

문장 맨 앞에 est-ce que를 쓰고, 뒤에 평서문의 어순을 쓰면 되는데, 문어체와 구어체 둘 다에서 자주 사용된다 :

Paul est parti. [뽈은 떠났다]

Est-ce que Paul est parti? [뽈은 떠났니?]

③ 도치

주어를 동사 뒤에 위치시키는 의문문으로 문어체에서 많이 쓰인다.

a) 주어가 인칭대명사인 경우

Tu aimes le football. → Aimes-tu le football?
[너는 축구를 좋아하는구나]

b) 주어가 부정대명사 on인 경우

On veut devenir riche. → Veut-on devenir riche?
[사람들은 부자가 되고 싶어한다]

c) 주어가 중성지시대명사 ce인 경우

C'est un film d'aventure. → Est-ce un film d'aventure?
[이것은 모험영화다]

- 주어가 1인칭 단수 대명사 (je)인 경우, 동사와의 도치를 피하고 대신 est-ce que 또는 억양을 통한 의문문을 사용한다.

  * Pars-je demain? * Travaille-je cet après-midi?

- 주어가 3인칭 단수 대명사 (il, elle)인 경우, 두 개의 모음이 만나는 것을 피하기 위해 <t>를 발음상의 이유로 첨가한다 :

  Cherche-t-il son chien? [그가 그의 고양이를 찾고 있니?]

  A-t-elle pris l'avion? [그녀가 비행기를 탔니?]

- 동사의 시제가 복합시제인 경우, 주어는 조동사 뒤에 위치한다.

  Avez-vous trouvé votre livre? [당신의 책을 찾았어요?]

  Est-il venu à l'école? [그가 학교에 왔니?]

- 대명동사 혹은 보어대명사는 항상 문장 맨 앞에 위치한다
  Il s'est levé tôt. → S'est-il levé tôt?
  Tu me téléphones. → Me téléphones-tu?
  Tu le lui as donné. → Le lui as-tu donné?

4) ne .. rien 또는 rien ... ne

a) 부정대명사 (pronoms indéfinis) 의 부정

Tu vois quelque chose? → Non, je ne vois rien.
[뭐가 보이니?] [아니, 아무 것도 안보여]
Tu sais tout. Mais non, je ne sais rien.
[너 다 아는구나] [천만에, 아무 것도 몰라]

b) 질문에 대한 부정적인 답변

Vous comprenez? Non, je ne comprends rien.
[당신 이해했어요?] [아니오, 하나도 이해 못했어요]
Tu regrettes de ne pas faire ça? Non, je ne regrette rien.
[너 그것을 하지 않은 걸 후회하니?] [아니, 전혀 후회하지 않아]

• rien 의 기능과 위치

① 주어 : rien ne 가 동사 앞에 위치한다
Rien ne m'amuse. [그 어떤 것도 나를 즐겁게 하지 않아]
Rien n'a changé depuis sa mort. [그가 죽은 후에 아무 것도 달라진게 없어]

② 직접목적보어

- 단순형태에서 ne rien 은 동사 앞 뒤에 위치한다
  Que faites-vous? Je ne fais rien.
  [무엇을 하고 있습니까?] [아무 것도 안해요]
  Vous voulez quelque chose? Je ne veux rien.
  [무엇을 원하십니까?] [아무 것도 원하지 않아요]

- 복합형태에서 ne rien 은 조동사 앞 뒤에 위치한다
  Tu as tout mangé? Non, je n'ai rien mangé.
  [너 다 먹었니?] [아니 아무 것도 먹지 않았어]

③ 간접목적보어

- ne ... à / de + rien에서 ne는 동사 앞에 위치하고 나머지는 단순형태 또는 복합형태의 동사 뒤에 위치한다:

À quoi pensez-vous?	Je ne pense à rien.
[무엇에 대해 생각합니까?]	[아무 생각도 안해요]
À quoi avez-vous pensé?	Je n'ai pensé à rien.

Quatrième Partie
PRODUCTION ORALE

■ Exercice 2

A : Bonjour, monsieur. Je voudrais des billets de train pour Paris, s'il vous plaît!
[안녕하세요. 파리행 기차표를 예약하고 싶은데요!]
B : Vous partez tout(e) seul(e)? [혼자 떠나십니까?]
A : Non, on est dix. [아니오, 일행이 10명입니다]
B : Vous voulez partir quand? [언제 떠나시길 원하시죠?]
A : Le 20 juillet, dans l'après-midi. [7월 20일 오후요]
B : Donc, c'est samedi? [그러니까, 토요일날 말씀이죠?]
A : Oui, c'est ça. [예, 그렇습니다]
B : Vous pouvez prendre le TGV de 14 h 00. Ça vous va?
[오후 2시 TGV 를 타실 수 있어요. 괜찮으세요?]
A : C'est parfait. [아주 좋습니다]
B : Vous voulez des billets aller-simple ou aller-retour?
[편도표를 원하세요, 아니면 왕복표를 원하세요?]
A : Aller-simple, s'il vous plaît! [편도표 주세요!]
B : Vous voulez des places fumeur ou non-fumeur?
[흡연석이요 아니면 금연석이요?]
A : Non-fumeur. [금연석이요]
B : Quelle classe voulez-vous? Première ou seconde?
[몇 등칸을 원하세요? 일등칸이요 아니면 이등칸이요?]
A : Seconde classe. C'est combien? [이등칸이요. 얼마죠?]
B : Ça fait 400 euros. [400 유로입니다]

1) seul(e)

명사 앞	[유일한]	une seule fois [딱 한번] un seul ami [유일한 친구] d'un seul coup
명사 뒤	[독자의]	un homme seul [고독한 남자]

2) ça

- cela 의 구어체적 표현이다

    Qu'est-ce que c'est que ça? [이게 도대체 뭐야?]

- 보어대명사를 동반한 비인칭 동사와 함께 쓰인다

    Tu aimes ce livre? Non, ça ne me plaît pas.

    [이 책을 좋아하니?] [아니, 그것은 내 마음에 들지 않아]

■ 저자 약력

● 이 홍

프랑스 파리 7대학 역사학과 졸업
프랑스 파리 7대학 역사학과 석사 및 박사취득
전 EBS 프랑스어 강좌 강사
중앙대학교 불어불문학과 대우전임
프랑스 파리 7대학 한국학과 초빙교수
현재 인하대학교 프랑스문화전공 교수
저서 · 논문 Le français pour tous
프랑스어 회화 II
대중 프랑스어 교육에 관한 연구
파리에서의 한국어 교육의 현황
La caricature politique dans les peintures coréennes des années 80
발자크가 이야기하는 "카트린 드 메디시스"
알랙상드르 뒤마의 작품 속에 나타난 생 바르텔르미의 밤

● 정일영

인하대 불어불문학과 졸업
프랑스 파리 8대학 대학원 졸업
프랑스 파리 8대학 박사준비과정 수료
언어학 박사학위 취득
현재 인하대학교 출강, 청주대학교 출강
EBS 수능 프랑스어 강의
저서 프랑스어 문법(공저)
프랑스어 말소리 갈(공저)
Rendez-vous avec la français, Pentacord
대학 프랑스어 회화
DELF A1
기초 프랑스어
똥찌개와 까까(수필)
생활속의 프랑스어 회화

LE NOUVEAU DELF A2

1판 1쇄 찍음 • 2006년 3월 25일
1판 3쇄 펴냄 • 2013년 8월 30일

저 자 • 이 홍, 정일영

발행인 • 정 현 걸
발 행 • 신 아 사
인 쇄 • 한승인쇄

출판등록 • 1956년 1월 5일 (제9-52호)
서울특별시 은평구 녹번동 28-36 2F
전화 (02)382-6411 • 팩스 (02)382-6401
홈페이지 • www.shinasa.co.kr
E-mail • shinasa@chol.com

ISBN 89-8396-533-9

정가 **15,000** 원 (CD 포함)